2020年6月30日にまたここで会おう

瀧本哲史伝説の東大講義

瀧本哲史

星海社

160
SEIKAISHA SHINSHO

本講義は、去る2012年6月30日、
東京大学の伊藤謝恩ホールにて行われたものである。
生徒の参加資格を29歳以下に限定、
約300人の10代・20代が全国から集結した。

第一檄

猿にはなるな

人のふりした

はい、瀧本です。

とくに今日は自己紹介する必要もないと思うので、バーッと進めますね。僕は話すのがちょっと速すぎるようで、よく通訳が必要とか言われるんですが（笑）、ここに集まったみなさんは頭も良いかと思うので、京大の授業でいつもやっているようにやります。

はい、ついてきてもらえればと。

で、今日のこの会場は、東京大学の伊藤謝恩ホールです。みなさん、「伊藤」って誰のことだか、わかります？　イトーヨーカ堂、セブンイレブン・ジャパン創業者の、伊藤雅俊さんなんですね。

伊藤さんが50億円ぐらいをバーンと東大に寄付してくださいまして、今年、本郷キャンパスにこれができました。赤門の向こう側にある福武ホールも、ベネッセの福武さんが同じくらい寄付してくれて、造られたものなんです。

欧米に比べて、日本の大学ってあんまり寄付してもらえないんですけど、最近は日本でもけっこう大きな実業の成功者が出て、その人が大学に寄付するってことが起こるようになってきました。

僕が本を書く理由

じつは僕は東大で、卒業生のネットワークをつくったり、寄付金を集める仕事を手伝っています。それでこういう大きな成果も出てくるようになってきたわけなんですけど、最近は並行して、本を出したり、多少メディアにも出るようになりました。

僕の仕事はエンジェル投資家であり、基本的に、あんまり表に出ないほうがいい業種なので、これまでは目立たないようにしてたんですね。でも最近、ちょっと考え方を変えまして。

いろいろ理由はあるんですが、一番の理由は、日本への危機感です。この国は、構造的に衰退に向かってるんじゃないかと。みなさんも感じているかと思いますが、中央政府とかエスタブリッシュメントと言われてる人たちが、あんまり機能してないんじゃないか。

だから僕も裏方とかに逃げず、より積極的にひとを支援していかないとマズいなと思ったわけです。

一度、日本を捨てて海外脱出するというオプションを検討したこともあります。みなさんの中にも、「日本って基本的にオワコンだし、東大も世界レベルで見たらダメな大学になりつつある。もう海外に逃げよう」と考えてる人がいるかもしれません。

でも、よく考えてみた結果、僕は「残存者利益があるな」と思ってやめました。日本を見捨てる人が増えても、なんだかんだこの国は今もＧＤＰ３位ではありますし、中国に抜かれたって言っても、統計を細かく見るとそれもだいぶ疑わしい。日本にはいろいろまだ、過去の伝統もあるし基盤もありますから、むしろチャンスがあるんじゃないかと思ってます。

じゃあ、日本に残存して、どうやって日本を良くしていくか。

僕は、「武器モデル」を広めていくことで、それが可能になるんじゃないかと思ってるんですね。

僕って、知ってる人は知ってると思いますけど、仕事を通じてこれまでいろんな分野で「カリスマ」のでっち上げとか創出を手がけてきました。固有名詞は挙げませんが、けっこう大成功したんですよ。でも同時に、失望もしました。いくらカリスマが生まれても、世の中あんまり変わらないんですよね。

アメリカのオバマ大統領が流行(はや)らせた「チェンジ」という言葉があります。彼も登場時は「世界を変えるカリスマだ」と期待されましたが、いま、オバマ政権になって4年が経って、何かアメリカは変わったかというと、ぜんぜん良くなってないですよね。

特定のリーダーをぶち上げて、その人が世の中を変えるという「カリスマモデル」は、どうもうまくいかないいんじゃないか、という問題意識が大前提としてあります。

自ら明かりを燈せ

ちなみに「ワイマール前夜」って言葉をご存じの方、いらっしゃいますでしょうか？　もしくは、ワイマール共和政って聞いてわかる人、どれくらいいるかな？　この間も一橋でこの話をしたんですけど……。

（会場挙手）

なるほど、さすが東大は一橋より数が多いですね（笑）。

あ、僕の話は、いきなり脱線したりしますけど、ちゃんと全部つながっているので、ご安心ください。情報量は多いと思うのでメモしてる時間はないと思います。レジュメが必要な人は、ネットに上げとくのであとで落としといてください。

で、ワイマール共和政というのは、第一次世界大戦終戦後にドイツでできた政体(せいたい)ですね。皇帝が退位したあとに、基本的人権とか社会権も明記したきわめて理想的な憲法がつくられて、素晴らしい民主的な国家ができたんです。ところが、理想だけは素晴らしいのに内実はボロボロで、政党はまとまらないし国としてダメダメで。もうほんとにダメだってときに、元軍人の、といっても伍長(ごちょう)でしたが、ひとりの売れない画家の人が、「俺がなんとかしてあげよう」と言って、出てきました。

そして国民の多くも、「この人がなんとかしてくれるかもしれない」と思って、その人を祭り上げてしまったわけですね。

その人、最初のうちはホント良くて、経済政策が大当たりして国の景気もむちゃくちゃ良くなり、「やっぱりあの人に任せて良かった」と国民の多くが思ったんですが、その後どんどん変なことをやり始めて、あちこちにいろんな敵をつくって攻撃したり、やたら戦争を起こしたりして、結果的にドイツは大変なことになりました。

はい、ナチスのアドルフ・ヒトラーって方です。

けっこう今、日本もそれに近いところがあるんじゃないかと心配をしています。

ちょっと前も、理想的な政権がつくられたはずだったんですけど、フタを開けてみたらぜんぜんダメで、「政治家はどいつも当てにならない」って空気が蔓延してるところに、「西のほうにすべての問題を解決してくれるいい人がいるかもしれない」みたいな流れが、最近ありますよね（編集部注：大阪府知事、大阪市長を歴任していた橋下徹氏のこと）。

でも、それってまずいんじゃないかと思うんですよ。そういうことじゃないんじゃないかと。

誰かすごい人がすべてを決めてくれればうまくいく、という考えはたぶん嘘（うそ）で、「みなが自分で考え自分で決めていく世界」をつくっていくのが、国家の本来の姿なんじゃないかと僕は思ってます。

本にも書きましたが、仏教には「自燈明（じとうみょう）」という言葉があります。開祖のブッダが亡くなるとき、弟子たちに「これから私たちは何を頼って生きていけばいいのでしょうか」と聞かれて、ブッダは「わしが死んだら、自分で考えて自分で決めろ。大事なことはすべて教えた」と答えました。

自ら明かりを燈せ。つまり、他の誰かがつけてくれた明かりに従って進むのではなく、自らが明かりになれ、と突き放したわけです。

これがきわめて大事だと僕は思いますね。

ソロスはなぜコピー機をバラまいたか

「ヘッジファンドの帝王」と呼ばれる、ジョージ・ソロスという人がいます。

投資の世界では超ビッグネームですが、みなさん、ご存じですかね？

（会場、数名が挙手）

あ、ちらほらいますね。

彼は「イングランド銀行を潰した男」とも言われてまして、サッチャー政権のときのイギリスの財政政策があまりにもひどいので、「これから通貨のポンドが暴落する」と予言して、巨額のポンドを空売りしたんですね。国に戦いを仕掛けたわけです。

それで困ったイギリス政府は一生懸命ポンドを買い支えたんですが、結局、国の資金が尽きてポンドは崩壊、ジョージ・ソロスは15億ドル儲けたという、とんでもない男です。

この人は1930年にハンガリーで生まれたユダヤ人でして、ナチス・ドイツにユダヤ人が迫害されまくっていた時代に少年期を過ごしました。

戦争が終わったあともソ連が侵攻して国が混乱していたのでイギリスに移

住し、今はアメリカに住んでいます。

それでソロスは、イギリスにいたときにロンドン・スクール・オブ・エコノミクスに入学して、著名な科学哲学者として知られるカール・ポパーという人に弟子入りしたんですね。

本人は今も「本当は哲学者になりたかった」というぐらい哲学が好きなんですが、「君はあんまり学者に向いてないね」とポパーに言われて、やむを得ず金融業界に就職したという異色の経歴の持ち主です。

そういう、根っこに哲学があって、戦争で苦労した経験から人間の自由意志を何より大切に考えるようになった人なので、ファンドマネージャーとして巨額の資産を持つようになってから、自分の思想の正しさを証明するために、「意見の多様性がない東欧の共産主義国を倒そう」という無謀な計画を立てるんです。

で、いろんなことをやったんですが、ほとんどうまくいかなかったらしいんですよ。ところが唯一大成功した施策がありまして、それが「コピー機を国中にバラまく」ことでした。

なんでコピー機をバラまくのがよかったかというと、共産主義国家では、国内にあるコピー機や印刷機はぜんぶ国家に管理されてるんです。つまり、自分の意見や主張を紙に印刷して広く発表する方法がなかった。

それでソロスが私財をはたいてコピー機をバラまいた瞬間から、いろんな活動家が自分のビラをバラまくようになって民主化運動が盛り上がっていき、その結果、母国のハンガリーだけでなく、ポーランドとかチェコスロバキアとかの東欧の国々がソ連から独立するのに成功したと言われてます。

やっぱり、とんでもない人物です。

僕がカリスマじゃダメだなと思っているときに、ふとソロスのことを思い出しまして、「意見をバラまくことには世の中を変える力があるんじゃないか」と思うようになり、それで僕は最近になって急に出版に力を入れているというわけです。

ものを言う道具

僕は、この講義の主催である星海社新書の軍事顧問に就任しています。名刺もあります。ちょっと出版社の肩書きで軍事顧問というのはあり得ないと思うんですが（笑）、「武器」とか「軍事顧問」という中二病的なネーミングの裏には、じつはこのソロスから学んだ思想があるんです。

要するに「何かすごいリーダーをひとりぶち上げるより、世の中を変えそうな人をたくさんつくって、誰がうまくいくかわからないけれども、そういう人たちに武器を与え、支援するような活動をしたほうが、実際に世の中を変えられる可能性は高いんじゃないか」ということ。

つまり、「カリスマモデル」でなく「武器モデル」です。

じゃあ、この国で誰に「武器」を配るのか？

想定しているのは全成人なんですが、その中でもとくにメインとしているターゲットは「20歳の若者」です。

次の日本を支える世代である彼らが自由人として生きていくために必要不可欠な「武器としての教養」を配りたいと思っています。

実際の話、「自由人」とか「成人」とか言ってますけど、まだ人間になってない人もたくさんいるんですね。単に人の言うこと聞いて「アウーアウー」みたいな（会場笑）。

外見だけは人間なんですけど、やってることは人間以下という人が老若男女問わず世の中にはたくさんいてですね、そういう人たちに「早く人間になってくれ」ということです。厳しいことを言うと、「自分で考えてない人は、人じゃない」わけです。

かつてアリストテレスは「奴隷とは何か？」という問いに、「ものを言う道具」と答えました。僕がいまの世の中を見ても、けっこうな数の「ものを言う道具」の人がいます。一応ものは言って人間のかたちはしてるんですけど、自分の頭で考えてない人があまりに多いので、そういう人を人間にしなきゃいけないという問題意識というか、使命感もあります。

現代社会では、しっかり自分の頭で考えられない人間は、「コモディティ(替えのきく人材)」として買い叩かれるだけですからね。

１００万部より価値のある「10部」

現代社会と言いましたが、僕たちが生きているこの社会の基本ルールというのは、資本主義、自由主義、民主主義の3つになります。これらをよく理解することなく、何かを考えたり努力しても徒労に終わるだけでしょう。

じゃあ資本主義とはどういうものかというと、ひとことで言えば「計画経済の真逆」ですね。

計画経済というのは、「どこかのすごい頭の良い人が、すべてを決める社会」です。旧ソ連とかがその代表でしょう。今の日本もじつはけっこう計画経済的なところが残ってて、東大とかを出ただけなのに、なぜか未来がわかるらしくて、「これからの半導体産業はこうなる」とか言って、勝手に会社と会社をくっつけたりするなんて話がありますよね。その結果、大赤字になってその会社が潰れちゃったりしても、彼らは責任とらないんです。

僕なんかは「すごく賢くて未来がわかるのなら、ご自身でやられたらいかがですか？」と思いますけど、そういう人たちって自分が責任を負わねばならないことは、絶対やらないんですね。

それに対して資本主義というのは、大前提として「誰が正しいかよくわからない」んですよ。だから、いろんな人が自分のアイデアを出して、自己責任でやってみる。すると市場がそれを判定して、うまくいくものは大きくなるし、ダメなものは淘汰されてやり直しみたいな、そういうゲームなわけです。

そして自由主義っていうのは、みんなが好きに活動できて、拘束されるのは基本的にお互いが納得して取り決めた契約とか、なんらかの義務があるときだけという社会です。

そして民主主義は、契約や法律のような社会全体のルールを、市民みんなが自分たちで決めるという社会です。

この資本主義、自由主義、民主主義をきちんと成立させるために共通して必要なのが、じつは、さっき言った「自分で考え自分で決める」ことなんですね。

だから「自分で決める（決められる）」ことが超重要であり、それができる若い人を増やしたいと思ったので、僕は『武器としての決断思考』という決断がテーマの本を出したり、『武器としての交渉思考』という交渉の本を書いたりしています。

必要不可欠な武器をバラまいているわけです。

この残酷な高度資本主義社会の中でサバイブするために必要な思考と知識を『僕は君たちに武器を配りたい』という本に詰め込んでいるのも、同じ理由です。

ということで、僕は自分の本が何万部売れようと、それはしょせん通過点にすぎないと思っております。

正直、お金にはまったく困ってませんので、何万部売れても関係ないんですね。

最終的な目標は、若い人たちが大人になる前の読み物として、成人になるための読み物として、定番化すること。

目標となるのが『思考の整理学』という本です。

英文学者の外山滋比古先生が１９８６年に出した古い本ですが、いまも地味に書店に置かれていて、なんとこれまでに２００万部以上も売れてます。少しずつ、でも確実に毎年売れ続けて、20年以上かけて２００万部になったわけです。

僕の本も、そういう売れ方をしてくれればいいな、と思ってます。長期間かけて常に誰かが買い続けてくれて、「この本は定番だよね」みたいな感じで読んでもらい、「まともな人間」が日本に増えればいい。

今はまだ人間じゃなくて、猿に近い人が、人間に変わっていくきっかけを与える、ということですね。

そしてそういう人間たちが、カリスマに頼ることなく自分たちで世の中を変えていく、その後方支援を僕はしたいんですよ。


あと大事なのは、本を読むだけではあんまり意味がないということです。よく本を読んで「感動した！」とか言って、明日になると完全に忘れて元の生活のままって人、すごい多いじゃないですか。それはぜんぜん意味がないと思うので、実際に本を読んでどれぐらいの人が行動を起こしたかということを、常にベンチマークとしています。

たとえ本が長い時間かけて１００万部売れても、その１００万人が何も変わらないより、たった10部しか売れてないけどその10人が何か大きなことをしてくれたほうが、僕にとってははるかに嬉しいし、世の中的にも価値があるでしょう。

本というのは「へえ、なるほどー」と読んでオシマイではなく、読者が何か具体的に行動するためのきっかけづくりでないといけない。

そういうわけで僕は、出版するにとどまらず、わざわざ10代、20代のみなさんを全国からこんなところに集めて、今日の大アジテーション大会を開いたという次第です。

第一檄で手に入れた「武器」

★奴隷でも、猿でもなく、「人間」になろう。

★本を読んで終わり、人の話を聞いて終わ

な

る

りではなく、行動せよ！

人のふりした猿にはな

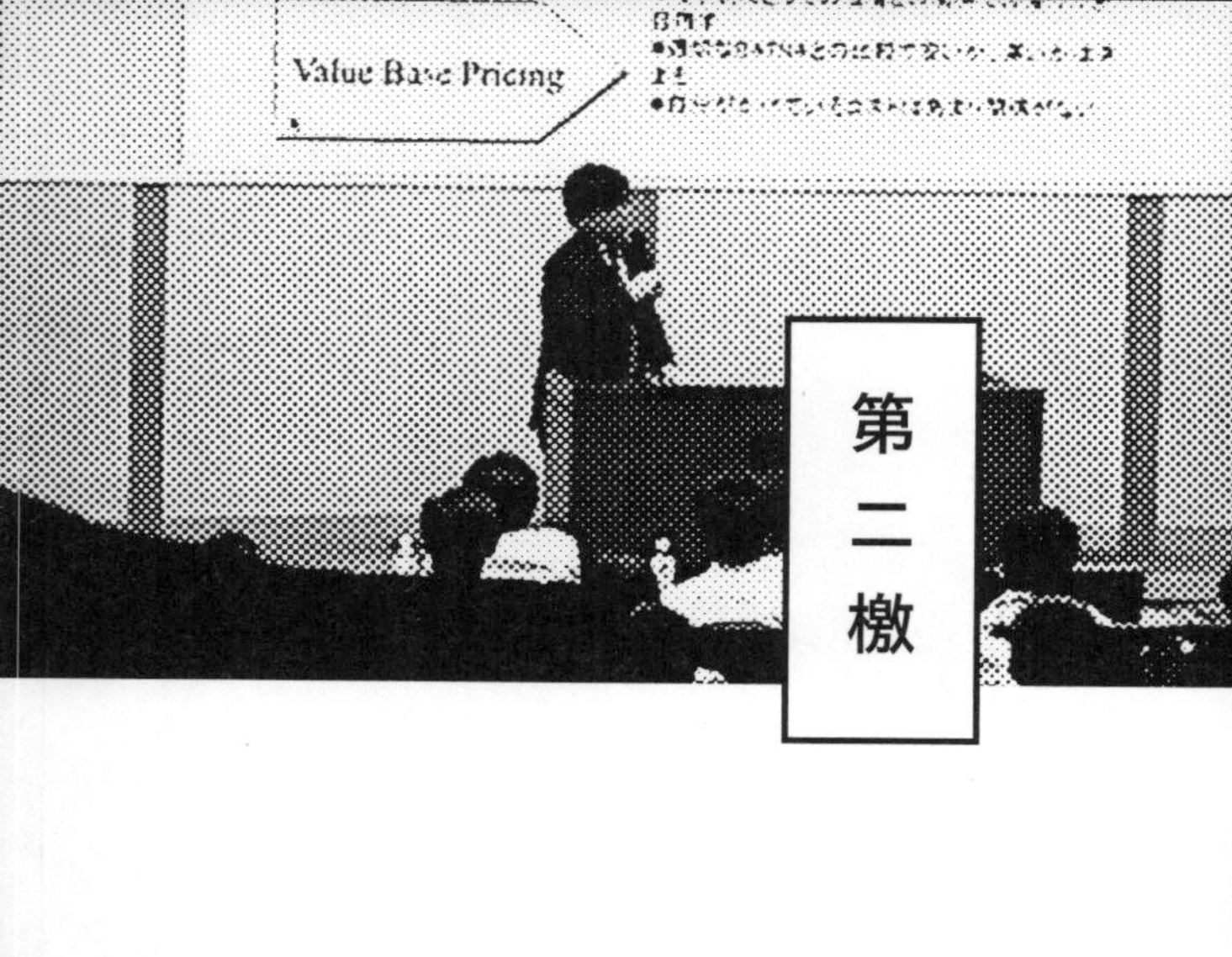

第二檄

は「言葉」である

最重要の学問

この講義のテーマは、「次世代の君たちはどう生きるか」ということで、僕が思っていることをどんどん言っていきます。

はい、つぎです。

みなさん、『アメリカン・マインドの終焉』という本、ご存じですか？

この場には10代と20代しかいないので、知ってるはずがないんですよ。知ってるとしたら、その人はかなり変わった人だと思うんですね。

なぜかというとその本は、みなさんがまだ生まれてないか幼児だった1990年頃に流行った本だからです。

イェール大学とかシカゴ大学で哲学を研究していたアラン・ブルームという哲学者が書いてるんですが、どんな本かというと「最近のアメリカの大学は腐ってる！　けしからん！」ということが、450ページにわたって、延々と書いてある本です（笑）。

文学とか哲学、芸術といった昔からの伝統ある学問を隅に追いやって、世の中に迎合して新しい分野の学部ばかり設置して、あげくの果てにわけのわからない「ダンス学部」とかまでつくったりして、大学がレジャーランドみたいになってる……みたいな感じで、むずかしいプラトンの考えとかルソーの教育思想をひきながら、ひたすら批判してるんですね。

なんでこんな、分厚くて、堅くて、難解な本がアメリカでは大ベストセラーになるんだ、アメリカってやっぱりいい国なんだなと、当時思った記憶があります。

教養の役割

で、その本の最初のほうに「教養はなんのために必要か」ということが書いてあるんですね。

ブルームによれば、「教養の役割とは、他の見方・考え方があり得ることを示すことである」と。

これは、けっこう超重要な定義でして、僕も同意見です。

たとえば歴史学とか美学、文学って、みなさんも大学1年の一般教養とかで学びましたよね？　なんで早く専攻（せんこう）に進めないのか、不思議に思ったりしませんでしたか。

オレは経済学部なのに文学なんて学んで、いったいなんの役に立つんだろうって。

でも、一見いますぐ役に立ちそうにないこと、目の前のテーマとは無関係に見えることが、じつは物事を考えるときの「参照の枠組み」として、非常に重要なんですよ。

経済学しか学ばない人、学べないような人は、実際あまり役に立たないんです。見方が一方的だったり狭すぎて、学問の新しい理論やジャンルを開拓していくことなんて、できないんですよ。これは仕事でもおんなじです。

学問や学びというのは、答えを知ることではけっしてなくて、先人たちの思考や研究を通して、「新しい視点」を手に入れることです。

だから僕は、何かの「正解」を教えることはあんまりいいことじゃないとずっと思っていて、批判し続けています。

たとえばビジネス書の著者で、本で名前を売ったあとにセミナー始めて、セルフブランディング講座とか、なんとか塾とか開催してる人って、大勢いるじゃないですか。「これをやればあなたの仕事がうまくいきます!」とか、そういうの大っ嫌いなんですよ。

「わかりやすい答え」を求める人向けにインスタントな教えとかノウハウを提供するのって、簡単だけど意味ないんですね。

バイブルを否定せよ

でも多くの人は「わかりやすい答え」を求めてしまいます。

そのいい例が「バイブル」、つまり聖書です。聖書には「こういうふうに生きていきなさい」という、ある意味「答え」が書いてあるんですね。

ユダヤ教とかイスラム教もバイブル性の高い宗教で、人が行動に迷ったときに教典とかコーランを紐解いて答えを探すと、「誰々という偉い人がそういうときはこうしなさいと述べた」って感じで、戒律として指針が示されているので、迷わずに済むんです。

日本の仏教も宗派によってはそういう細かい教えを伝えてるところがありますけど、僕は「神様にこれをお供えすれば明日から幸せになって、年収も10倍アップ！」（会場笑）みたいな教えって、絶対に信じないほうがいいと思うんです。

だから今日の講義に来た人たちが僕の話を聞いて、僕のことをカリスマみたいに思って帰るとしたら、それは僕としてはぜんぜん嬉しいことではありません。

僕の講演とか授業に来る若者たちの中には、いわゆる「意識高い系」の人たちがけっこういます。でもいつも僕は、「そういう意識だけ高い人がたくさん集まって僕の話を聞いたところで、明日からうまくいくようになると思ったら大間違いですよ」と言って、突き放すんです。

僕もやろうと思えばみなさんを騙すことなんてカンタンですよ。でも、どっちかというと僕の真意はその真逆で、チラシとかの煽り文に釣られて来た、ある意味ちょっと勘違いしがちな人たちに、「(講演の登壇者が)僕でよかったね」「他の人に騙されないよう、気をつけようね」と気づいてもらうのが、講演のほんとうの目的だったりします。

何度もくり返しますが、「どこかに絶対的に正しい答えがあるんじゃないか」と考えること自体をやめること。バイブルとカリスマの否定というのが、僕の基本的な世界観になります。

でも「この世に真の教えなんてない。僕の話も信用するな」といった話をすると、「ふざけんな、金返せ!」って、まあ今日は無料ですけど思う人もいるかもしれません。今日は、わざわざ福井から交通費かけて来た方もいらっしゃるそうなので。

はっきり言いますが、「真の教え」とか「法則」みたいなことを言う人は全員インチキです。

オウム真理教みたいなカルト宗教はよく「真の教えが公開される富士セミナーを5泊6日で開催します。真理を会得できてお値段はたったの50万円！」みたいな告知をして信徒を集めてますが、けっこう喜んで行っちゃう人がいるんですよね。一種の洗脳だと思いますけど。

宗教だと警戒する人も、テレビとかツイッターで有名な人の会合には、ホイホイとついていってしまったりします。

メディアに出るような人は頭も良いので、一見正しいことを言っているように見えますが、なんだかんだお金や影響力目当てで、洗脳的な活動をけっしてそうは見えないようにやっているだけだったりするので、注意が必要でしょう。

そういえば「脱洗脳」のプロとして活躍してたはずなのに、いつの間にか自分もそういうセミナーを開催してる方が最近いますね。名前はちょっとみなさんで調べていただきたいんですけど（会場笑）。

でも、「ごめん！　正解は僕にもよくわからないんですよ」って言ったら、「じゃあ私は、いったいどうしたらいいんですか……」って悩む人、ここにはいますか？

（会場、ひとり挙手）

あ、いますね。ありがとうございます。でも、あなたへの答えはすごく簡単です。「自分の人生は自分で考えて自分で決めてください」。

はい、これに尽きるんですね。

これは、「ブキケツ（武器としての決断思考）」の初版の帯に掲載したコピーでもあり、さっき言った自燈明ですよ。

「誰か」や「何か」に頼りたくなる気持ちは、僕も同じ人間なんでわからなくもないです。でもその心の弱さに負けちゃいけないんです。

ただ、自分で考えるためにはやっぱり、考える枠組みが必要なんです。その枠組みが教養であり、リベラルアーツであるということです。

蘊蓄や知識をひけらかすために教養があるのではありません。自分自身を拠りどころとするためにも、真に「学ぶ」必要があるんですよ。

自分で考えるための「ケースメソッド」

僕は現在、京都大学の教養課程で、全学部、全学年、院生も含めて、その人たちを相手に、リベラルアーツの一環として「起業論」の授業を担当し、起業家教育を行っています。

起業家教育というのは、ふつうはビジネススクールでしか教えてないんですね。伝統的な大学観からは、起業論というと世の中に直結しすぎていて、「大学の学問としては邪道である」みたいに見られています。

ところが最近は、アメリカのコーネル大学のようなアイビーリーグの名門大学でも、リベラルアーツの中で起業論を教えるようになっています。それは、「起業家になる」ということ自体が、資本主義社会が持つエネルギーや、そのなかで生きていくための基本的なルールを学ぶことにつながる、という認識が広がったためです。

アラン・ブルームが批判した「世の中への迎合」とは、ちょっと意味合いが違います。経済学を学ぶのにも近い感覚です。

それで僕も実際にやってみたら、京大の中でも圧倒的な人気授業になったんですが、人気となった大きな理由は、授業のテーマ以上に、僕の東大法学部の指導教官だった内田貴（うちだたかし）先生の授業に倣（なら）って「ケースメソッド」を実践したことにあるんじゃないかと思ってます。

ケースメソッドというのは、よく聞く「ケーススタディ」と似てますが、似（に）て非（ひ）なるものですね。

どちらも学習領域に関する現実の事例（ケース）をもとに、分析や調査を行って学ぶ方式ですが、ケーススタディでは事例も分析資料も基本的に教員が用意し、ふつうの授業のように生徒は一方的に先生の話を聞く「座学（ざがく）」スタイルです。

それに対してケースメソッドは、事例の選択からそれに関する資料、分析、調査、発表までを基本的に生徒が主体になって行い、教員と生徒とが「討議（とうぎ）」しながら進めていくんですね。

欧米のロースクールやビジネススクールでは１９３０年代から取り入れられている教育方法ですが、日本に入ってきたのは最近で、内田先生はアメリカに留学した経験があったので東大の授業でいち早くこれを取り入れたんです。

でも、僕が学部生として受けた内田先生の授業は、２００人のクラスで、発言者が僕を含めて最前列にいつも座っている20人くらいしかいないという、かなりヤバい授業でしたが……（笑）。

そのときに内田先生は、「君たちはこの授業でケースメソッドについて学んだから、これからどこかで誰かを教えるときに、この方法を使うことができる。ふつうの人間はこのやり方では教えられないから、それは君たちにとって大きなアドバンテージになるはずだ」「そして法学教育も、いつかこういうふうに変わる日が必ず来る」と謎の予言をして、若いときの僕は「はあ、そうかあ」みたいに流していたわけですけど、それから20年ぐらい経って、内田先生の思惑とはまったく違うかたちで予言が当たる、ということが京大の僕の授業でいま起きているわけですね（苦笑）。

右手にロジック、左手にレトリックを

それで、今日ここに来ているみなさんは、じゃあ教養としてまずは「起業」について学べばいいのかというと、じつはそうではありません。

教養のなかで何を一番に学ぶべきか？

僕は、「言語」がもっとも重要だと思っています。

言語といっても、仕事で役立てるために英語や中国語やプログラミング言

語を勉強しろというセコい話ではありません。みなさんがふだん日常的に使っている言葉、日本語、そこに秘められているすさまじい力を知って、とことん磨きあげてほしいんですよ。

言語にはギリシャのアリストテレスの時代から伝統的に、2つの機能があると言われています。

「ロジック」と「レトリック」です。

ロジックというのは日本語で言えば「論理」ですが、もう少し意訳すると、前提が真なら結論も真となるような推論の型のことで、ざっくり言うと、「誰もが納得できる理路を言葉にすること」ですね。

たとえば今日は6月30日ですが、「もうすぐ夏だから暑くなってきた」と言っても支離滅裂に聞こえないのは、一応、「夏=暑い」という背後のロジックがしっかりしているからです。

これが、「もうすぐ夏だから寒くなってきた」と言ったら、日本に限って言えば誰も、理解も納得もしないでしょう。

そしてこのロジックを鍛(きた)えるには、言葉の正しい運用の仕方や論理の構築の方法をしっかりと学ぶ必要があります。

僕は『武器としての決断思考』という本でディベートの考え方を詳しく書きましたが、まさにディベートは言葉のロジックを最大限に活用することで、自分の主張の正しさを的確に伝える行動なんですね。

なのでおすすめは、まずディベートをやってみることです。

言葉の機能のもう一つの「レトリック」は、日本語では「修辞(しゅうじ)」と訳されます。簡単にいえば、「言葉をいかに魅力的に伝えるか」という技法がレトリックになります。

日本では「彼の言葉はレトリックしかない」とか、言葉を飾るだけみたいなネガティブなイメージで使われることも多いんですが、本来のギリシャ時代から続く弁論術のなかでは、レトリックについて、聴衆を魅了し、説得して賛成してもらうための重要な能力と位置づけています。

アメリカ大統領のオバマさんは、非常にスピーチがうまいことで知られていますが、彼の話し方や聴衆の心に響く言葉の選び方、伝え方は、ものすごくレトリックが優れているんですね。

政治家としては亜流で知名度もなく、民族的にマイノリティでもありましたが、大衆の中に大きな熱狂を生み出し、ダークホースとして大統領選を勝ち残りました。

どんなに正しいロジックでも、良いレトリックが伴わなければ、それは聞く人の心にきちんと届かないし、まして行動を変えることなどできません。

つまり「言葉には力がある」ということは、究極的には、アメリカ合衆国の大統領になれるほどの力を持つ、ということでもあるんですね。はい。

日本でも、たとえば明治維新は、人々が「言葉の力」で国を動かした、わかりやすい好例でしょう。

じつは明治維新って、あれだけ大きな社会変革だったのに、フランス革命とかアメリカの独立戦争と比べて、驚くくらい死者が少ない革命だったんです。フランスは１００万人、アメリカは50万人だったのに対して、たしか3万人くらいだったかな。

それは、薩長ら倒幕派の人々が、武力よりも言語を使って意見を統一していき、仲間を増やしていくという活動を積極的に行ったからです。

明治維新というのは近代革命の中でも、際立って言葉を武器にして行われた革命だったと言えるんですよ。

民主主義の社会では、銃や鉄砲で政府を倒す必要はありません。

まず「言葉」によって正しい認識にいたり、「言葉」を磨くことでその認識の確度を上げていく。そして「言葉」を使って相手の行動を変えていくことで、仲間を増やし、世の中のルールや空気を変えていくことが可能なんです。

ここにいるみんなにはぜひとも、今日から「言葉マニア」になってほしいと思います。

★「正解」なんてものはない。

★自分の人生は、自分で考えて、自分で決める。

★そのための「思考の枠組み」として、リベラルアーツがある。

★自分自身を拠（よ）りどころとするために、学べ！

★まずは「言葉マニア」になろう。

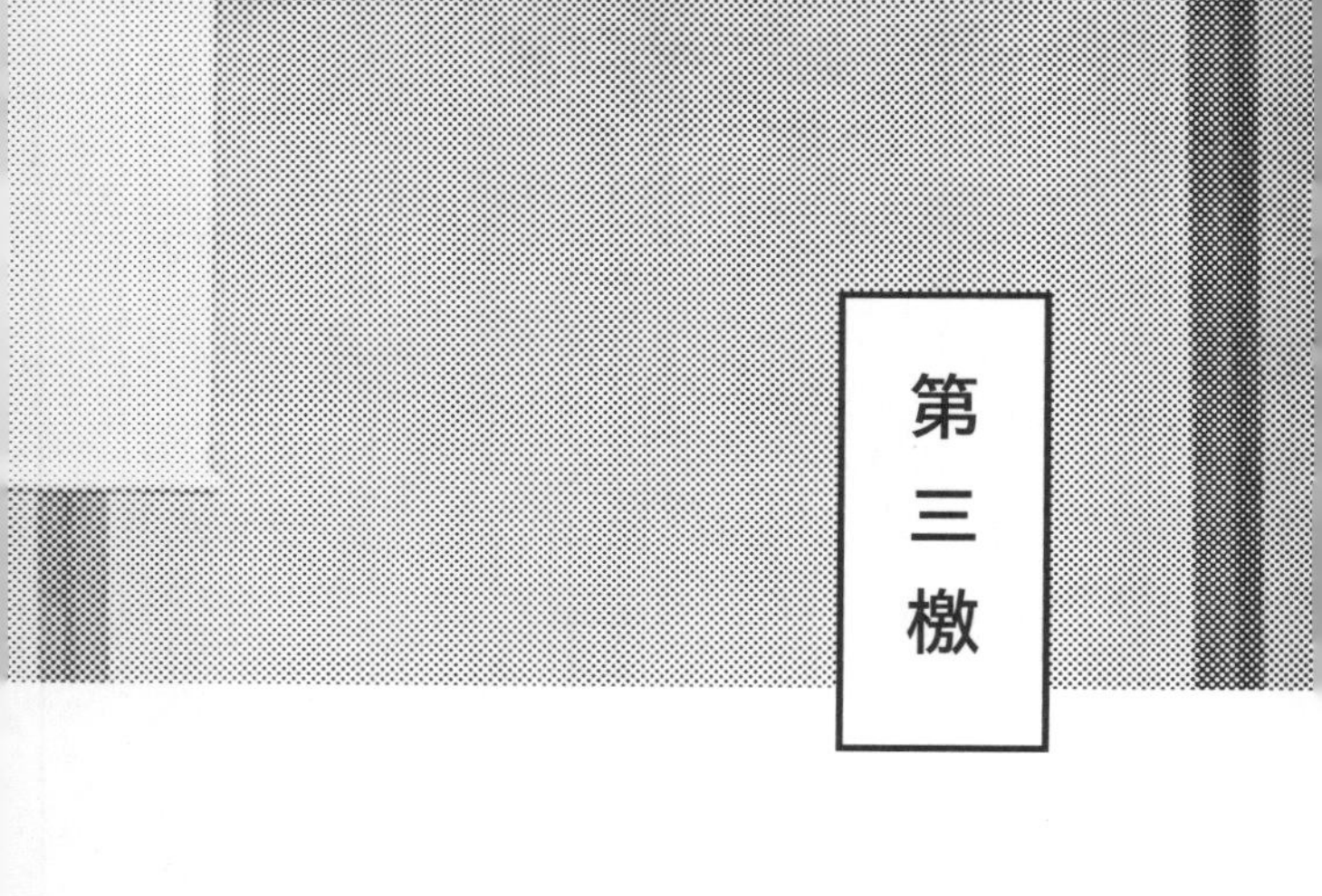

第三檄

学派」をつくれ

世界を変える「

では、ここにいるみなさんが猿から人間になって、一人ひとりが個人として正しく物事を決められるようになったり、言葉を磨いていければ、それだけで世界が良くなって「はい、メデタシメデタシ」となるかといえば、残念ながら現実は、そうはうまくいかないんですね。

なぜなら、就職とか結婚とか、人生に関する問題のほとんどは個人や個人間だけで決められるんですけど、社会に関する問題は、集合的な意思決定というのが避けられなくてですね、民主主義ではそれを多数決で決めていくしかないからです。

たとえば、今まさに大きな社会問題となっている原子力発電の再稼働や、社会保障をどうするかなんて問題は、絶対にひとりの意思では決定できませんよね。

つくれ

「僕は原子力が大っ嫌いなので、僕だけ原子力発電所を使いません」とか、どう考えても不可能じゃないですか。

社会保障に関しても、少子高齢化がどんどん進んで将来の医療費の負担をどうするか、年金の支給時期やその額をどうするかでずっと騒いでますが、いま60代、70代の人々と、みなさんのような10代、20代の方々では、問題の前提も捉え方も大きく違っているので、価値観や利害が対立して決断困難な状況になるのは、どうしても避けられないわけです。

「霞が関の競合」をつくろう

そうそう、僕と同じ東大出身の若手論客でいちばん有名な方、いるじゃないですか。あの、喋り方がちょっと独特な人（会場笑）。

あの方は超割り切った考え方をされていて、「はい、若者には残念なお知らせがあります。高齢者のほうが圧倒的に多いです。したがって老人がぜんぶ持っていき、みなさんの権利は自動的に剥奪（はくだつ）されます。だからもう若者は諦（あきら）めましょう！」みたいに言っていますが、僕はそういった考えは敗北主義的だと思っていて、ぜんぜん良いと思わないんですね。

数字を見てみると、旧世代の方と、みなさんのような新世代の方の人口比って、だいたい「2対1」です。

なので、じつは、旧世代の人をひとり説得すれば勝ちなんですよ。

わかります？

みなさんが、自分のまわりでこいつは話ができそうだなという人を見つけて、「ちょっと日本の未来のことを考えてみてもいいんじゃないですか？」みたいに説得して、ひとりこっち側に「引き入れる」だけで、情勢は変更されるわけですよ。「1対2」になるんです。

つまり、若者はただ立ち上がっても勝てないので、いま団結している中高年の方々に対する「分断工作」が必要なわけです（笑）。

中高年のなかでもわりと考え方が新しそうな人たちをこちら側に引き入れ

て、仲間にしていくというのが、僕はけっこう良いやり方なんじゃないかと思っています。

たいていの人にとっては、自分の年収を100万円アップさせるよりも、社会保障で数千万円もの「納め得」になっている人をなくすほうが、簡単だしインパクトもあるじゃないですか。

なのでみなさんは、どうやって自分や家族の収入を上げて将来に備えようかと考えるよりも、じつは、今の非常に不公平な社会保障制度を変えていくほうが、労力的にもコスト的にも、はるかに現実的なんですよ。けっして、理想論ではないわけですね。

じゃあ、具体的には、どうやって変えていくのか？

僕は「政策」がキーになると思っています。

昨今の日本の政治を見ていると、自民党も民主党もダメダメですし、他の野党にもぜんぜん期待できない状況が続いています。

政治家がダメになったことで、政界においていちばん力を握るようになったのが、じつは霞が関の官僚なんです。霞が関には政権交代なんてないですからね。政府や閣僚はクルクル変わっても霞が関の人員は固定化されているので、相対的に彼らの発言力が強くなっているんです。

だから僕は、これから若いみなさんが「霞が関の競合」にあたるチームをつくっていけばいいんじゃないか、と考えているんですよ。

日本とアメリカでは、そのへんの事情がぜんぜん違います。

アメリカでは、政治家のもとで政策をつくる人、つまり日本における官僚にあたる人は、選挙のたびに入れ替わる存在なんですね。

日本における霞が関の代わりに、さまざまな分野の「シンクタンク」が存在していて、ブレーンとして政策づくりに有力なアドバイスを行っています。

僕は、そういうアメリカのシンクタンクみたいな民間組織を、日本でもたくさんつくったほうがいいと考えていてですね、そうやって政治に対する参入ルートを増やすことで、政治家や官僚になる以外のやり方でも政策立案に影響力を与えられるようになるんです。

ダメな場所からは離れる

昔から政治家になる人の名前って、「一郎」がやたら多いじゃないですか。
あれ、なんでだかわかります？

簡単な話です。「○○の息子」と、地元の有権者に名前をアピールできるから選挙で通る、というだけの理由なんです。

政治家に二代目、三代目がやたら多いのは、この国の政治が血縁によって既得権益（きとくけんえき）化しているからです。だからこそ、若い人が政治に参入できる新しいルートや仕組みを、できるだけ増やしたほうがいいんですよ。

そうすることで、政策にも多様性と競争が生まれます。また、日本各地にそういう政策を提言できる組織が増えていけば、地域ごとのニーズに応じた政策が実現できるようにもなっていくはずです。

社会保障の問題も、今は中央政府がすべて決めているので、地域によって異なるニーズにぜんぜん対応できていませんよね。

携帯電話の契約プランには、「バリューパック」とか「ダブル定額」といった個人の使い方に応じてお得になるプランがありますけれど、社会保障もそんなふうに選べるようになればいいと思うんです。

「何歳から医療費を1割にしてもらいたければ、40歳からの社会保険料がこれだけ高くなりますが、どうしますか？」といったように、個々人に合わせたプランを設定すればいいじゃないですか。

そのためには中央政府がぜんぶ一律に決めるんじゃなくて、地方自治体ベースの小さなコミュニティに分けて、そこで個別に意思決定をする仕組みを構築したほうがいい。

そうなれば地域ごとの特色ができて、「掛け金が少なくていいからボクは関西に住もう」とか「保障が手厚いから私は東京に住もう」といった、選択肢が生まれてきます。

いま、有権者が政治家を選ぶ手法は投票しかありませんが、「気に入らない政治家のいる地域からは出て行く」というのも有効な生き方でしょう。

残念ながら、日本人の多くは慣れ親しんだ地域に住むのが好きなので、なかなか移住に対するハードルは高いのですが、本来であれば、ダメな政治が行われている場所からは、逃げてしまうのがいちばんいいんですよ。

援助が非合理を温存する

アフリカのいろんな国に対して、日本は昔からODA（政府開発援助）で一生懸命に支援を続けていますが、そういう国ってなかなか自立しませんよね。

なぜだか考えたことありますか？

日本の地方でも、中央政府からの補助金や支援を莫大に受けながら、なかなか自立できないところばっかりです。

それはなぜかといえば理由はカンタンで、お金に困っている住民がたくさんいたほうが、ＯＤＡや国からの援助が入り続けるので、ラクだしお得だからなんですね。
だいたいそういう国や地方自治体は、お金が入ったらちょっとだけポーズで何かをやってみるけれど、たいていうまくいかずに失敗します。それは、本当にうまくいったら支援が打ち切られるので、本気で取り組んでいないんですよ。

「うちの地域は大変なんです！　助けてください！」と、地域の政治家や自治体関係者が言い続けることで、彼ら自身がその地の発展を阻んでしまっているわけです。それは彼らにとっても、補助金が入り続ける権益を握っていたほうが、オイシイからです。

たとえば北海道の夕張市なんて、冷静に考えれば、ずっと地域の経済を支えてきた石炭の需要がなくなってしまったわけですから、自治体としてはもう存続不可能なんですよ。

新たに他の産業をつくりだして振興するか、住民の多くが別の地域に移住するか、本来ならどっちかの道を選ぶべきです。

それなのに、今の規模に合わない大きさの地方政府が残っているから、へタに維持することが目的になってしまい、財政が破綻してしまったわけですよね。

昔、ウィルコムというＰＨＳの会社があって、けっこう一時は業績が良かったんですが、みんなが携帯電話を使い始めたらあっという間に潰れてしまいました。

それは携帯のほうがＰＨＳより電波の届く範囲がずっと広くて、つながりやすかったから、当然の結果です。

でも、もしもですよ。誰もＰＨＳは使わなくなっているのに、ウィルコムという会社がいつまでも存続していて、ウィルコムの社員の生活を保障するために国が税金でウィルコムを支援するってなったら、それは誰でもおかしいって思いますよね。

地方政府もビジネスと同じで、本来はそういうふうに、住民が自由に選ぶことができて、ダメな政治が行われている場所は人気を失って縮小していくようにしなきゃいけないんですよ。

非合理が一部の人の都合で温存されてしまうと、結局、みんなが不幸になるだけです。

だからそういう世の中は、変えていかないといけないんですね。

Q：大久保利通の年齢を答えよ

じゃあ、いったい誰が日本を変えていくことができるのか？　ということですが、僕はやはり、みなさんたち若者しかいないんだと思ってます。

思い切った大きな変革というのは、若い人にしかできないんですね。

たとえばさっきも少し話した明治維新というのは、260年続いた江戸幕府という中央政府を倒して、欧米の国々に肩を並べることを目指し、近代国家を樹立するという、とんでもない革命だったわけですが、じつはすごく若い人たちがやっています。

日本史の授業で薩長同盟とか出てくると思いますが、年齢までは習ってないですよね？

薩摩の代表をつとめた大久保利通は35歳で、長州の木戸孝允は32歳ですよ。明治維新の中心人物はほとんど全員、20代後半から30代だったんです。ここにいる20代のみなさんと、あまり変わりません。

あ、ちなみに、幕府側の榎本武揚は29歳でした。

なぜ榎本の名前を出したかというと、じつは僕、子供の頃に榎本武揚の子孫だと言われたことがあるんですね。ちゃんと調べたことないんでデマの可能性が高いんですが（笑）、それ以来榎本については関心が高くてですね、ちょっと榎本についてお話しさせていただくと、彼はもともと幕軍側の中心でありながら、戊辰戦争に負けて明治政府に降伏すると、そのあとで考え方をガラっと変えて、明治政府の中で活躍するんです。

それで「裏切り者」と批判する人もいるんですが、僕からすると、自分の立場にこだわらず、本当に世の中のためになることは何かを考えてシンプルに行動した結果だと思うので、もっと褒められてもいいかなと思っているんですね。

ちなみに福沢諭吉は『瘠我慢の説』という本で、「うまく転職して立身出世したズルいやつ、いるよな。あいつだよ、あいつ！」って感じで、榎本を痛烈に批判しています。

僕も、東大法学部の助手からマッキンゼーに転職して、今はエンジェル投資家で大学でも教えているという、まわりから見るとわけのわからない経歴で立場をころころ変えているわけですが、榎本武揚を見習ったところはあるかもしれません（笑）。

それで話を戻すと、つまり僕は、これからの日本も若い人が政治や政策立案に積極的に関わって、30代のうちに国政の中心を担うようにならなければいけないと考えているんですね。

イギリス現首相のキャメロンという人は、保守党の党首もやっていたんですが、党首になったのは39歳です。保守党っていうのは、日本でいう自民党のような政権を担ってきたメジャー政党でして、そこの党首を30代の人間が務めていたんです。

政治家でいえば、韓国大統領の李明博も、経歴が面白いんですよ。彼は現代建設という、入社当時は数十人しか従業員がいなかった零細企業を、17万人が働く大企業に成長させた功績で大統領になった人物です。

彼は大学で学生運動にのめり込みすぎて、就活でどこも採用してくれなかったんですね。それで彼は、どうしたと思います？　なんとこの人は、恐ろしいことに、当時の大統領、朴正熙に手紙を出すという暴挙に出たんです。「韓国という国は、若い人間が政府に反対したら、もう二度と立ち上がれない。そんな悲惨な国でいいんでしょうか?」みたいに直訴のメッセージを送りつけたら、それが大きな話題になって、その話を聞いた現代建設の社長が「こいつは何かすごいヤツっぽいから採ろう」と言って採用したんです。

それで李明博は入社後、それまであまり現代建設が取り組んでこなかった海外の事業に積極的に進出して、数十人の零細企業を十数万人の大会社に成長させました。ヒラ社員から、36歳で社長にまで上りつめて、その実績を看板に「私は韓国の不況を救うことができます!」とぶち上げて、経済界から大統領になったんですよ。

実際には、彼が大統領になっていま4年目ですが、韓国の経済状態はちょっと微妙なところで、レームダック状態になっていますけど……。

いま日本経済を代表するような大企業の経営者も、ご自身で調べてみていただければと思いますけど、やはり若くして会社や業界の常識に挑むことで大成功し、トップになった人物が多いですよね。

たとえば、京セラやソフトバンク、日本電産、ファーストリテイリングもそうですし、昔のパナソニックやソニーも、20代、30代前半の若い人間が中心となって、時代や経済を大きく動かしました。

僕自身も、マッキンゼーを辞めて、当時1900億円の負債にあえいでいたタクシー会社、日本交通の経営に参画したのは29歳でした。僕と一緒に、3代目として家業を再建した社長の川鍋さん（川鍋一朗氏）は、34歳でタクシー業界最年少としてトップに立っています。

ビジネスの世界でも、本当に世の中を変えるような事業や大きな変化を生み出す人っていうのは、基本的に若者なんです。

科学革命の不都合な真実

僕が若い人にいつも必ず伝えていることがあります。

「パラダイムシフト」についてです。

みなさん、パラダイムシフトって言葉、聞いたことありますよね？

パラダイムチェンジとも言うかもしれませんが、要は、それまでの常識が大きく覆（くつがえ）って、まったく新しい常識に切り替わることです。

最近では、スマホが登場してガラケーに取って代わったことなんかは、典型的なパラダイムシフトでしょう。

一般的な用語として広まっていますが、でもこれ、もともとは科学ジャンルの言葉で、トーマス・クーンという科学史の学者が『科学革命の構造』という著書の中で使い始めたものなんですね。

たとえば、超有名な天動説から地動説への大転換があるじゃないですか。

ガリレオ・ガリレイとかの。

あれって、どうやって起きたと思います？

どういうふうに、みんなの考え方がガラリと変わったんだと思います？

じゃあ、そこの方。はい。

生徒1「学会とかで議論して、認められた？」

なるほどなるほど、非常に良い答えですね。ありがとうございます。

他にいますか？　はい、あなた。

生徒2「古い学者がみんな死んじゃって……」

そう、そう。そうなんですよ。

クーンはですね、地動説の他に、ニュートン力学やダーウィンの進化論など、科学の歴史上で起きたいろんな科学革命を調査・研究した結果、たいへん身（み）も蓋（ふた）もない結論に達してしまったんですね。

ふつうに考えれば、天動説を唱える人に対して、地動説の人が「こうこう、こういう理由で天動説は観察データから見るとおかしいから、地動説ですね」って言ったら、天動説の人が「なるほどー、言われてみるとたしかにそうだ。

俺が間違ってた。ごめんなさい！」っていうふうに考えを改めて地動説になったとか思うじゃないですか。

でも、クーンが調べてみたら、ぜんぜん違ったんですよ。

天動説から地動説に変わった理由というのは、説得でも論破でもなくて、じつは「世代交代」でしかなかったんです。

つまり、パラダイムシフトとは世代交代だということなんです。

地動説が出てきたあとも、ずっと世の中は天動説でした。

古い世代の学者たちは、どれだけ確かな新事実を突きつけられても、自説を曲げるようなことはけっしてなかったんですね。

でも、新しく学者になった若い人たちは違います。古い常識に染まってないから、天動説と地動説とを冷静に比較して、どうやら地動説のほうが正しそうだってことで、最初は圧倒的な少数派ですが、地動説の人として生きていったんです。

で、それが50年とか続くと、天動説の人は平均年齢が上がっていって、やがて全員死んじゃいますよね。地動説を信じていたのは若くて少数派でしたが、旧世代がみんな死んじゃったことで、人口動態的に、地動説の人が圧倒的な多数派に切り替わるときが訪れちゃったわけですよ。結果的に。

こうして、世の中は地動説に転換しました。

残念なことに、これがパラダイムシフトの正体です。

身も蓋もないんです。

新しくて正しい理論は、いかにそれが正しくても、古くて間違った理論を一瞬で駆逐するようなことはなくてですね、50年とか100年とか、すごい長い時間をかけて、結果論としてしかパラダイムはシフトしないんですよ。

君と君たちが、パラダイムを変える

でもこれ、逆に考えると、めちゃくちゃ希望だと思いませんか？

「世の中を変えたい」と考える人はいつの時代も多いですけど、なかなか世の中って思うようには変わらないですよね。選挙に行って一票を投じても変わった実感はぜんぜん得られないし、努力して上の世代の考え方を変えようとしても、徒労に終わるばかりです。

で、そこで「やっぱり世の中は変わらない」って諦めちゃう若い人も多いんですが、みなさんが新しくて正しい考え方を選べば、最初は少数派ですが、何十年も経って世代が交代さえすれば、必ずパラダイムシフトは起こせるってことなんですね。

つまり、世の中が変わるかどうかっていうのは、若者であるみなさんとみなさんに続く世代が、これからどういう選択をするか、どういう「学派」をつくっていくか、で決まるんですよ。

たしかに時間はかかりますけど、下の世代が正しい選択をしていけば、いつか必ず世の中は変わるんです。

だから僕は、おじさん、おばさんたちではなく、わざわざ次世代に向けて、メッセージを送っているわけです。

「学派」と言えば、ここにいる法学部の方は、かつて刑法の根本の思想をめぐる論争で、同じようなことがあったのは当然ご存じですよね？

1970年代とかの話ですが、刑法の世界には「行為無価値」と「結果無価値」という学説上の対立がありました。

簡単に言うと行為無価値というのは、罪を犯(おか)したときに、何か悪いことをしてやれといった動機があったのであれば刑罰を重くすべきだという考え方で、結果無価値というのは、動機とかはまったく関係なく、悪いことをした結果だけで判断すべきだ、という考え方です。

それで、東大法学部の団藤重光(だんどうしげみつ)先生という方と、同じく東大の平野龍一(ひらのりゅういち)先生という方が、それぞれ行為無価値、結果無価値の学説を主張して対立していたんですよ。

ですが残念なことに、団藤先生の一番弟子で、団藤先生が東大を去ったあとに役目を継いだ藤木英雄(ふじきひでお)さんという方が、45歳で早死にしてしまったんですね。その結果、東大に団藤重光・行為無価値系と言われる人がいなくなってしまいました。

するとですね、残っている人たちは全員、結果無価値派だったので、それ以降に東大に入って法学を学ぶ人は、みんな結果無価値の法哲学を学習するわけですよ。

そういうわけで、学説的には結果無価値が完全勝利したんです。日本のすべての犯罪を規定する刑法の根幹の価値観(パラダイム)が、なんとそんなことで決まってしまったんですね。

もちろんそれだけでなく、理論的に見ても結果無価値のほうが法秩序に混乱を起こす可能性が低く、知識の体系としても美しいということは言えます。実際、日本が法律の範とした国であるドイツでは、ずっと前から結果無価値のほうが正しいと考えられてきたという経緯もあります。

それにしても、一国の法体系の思想が、人々の世代交代によって変わってしまうことが現実に起こったんですね。

ニセ預言者たちに騙されるな

じつは、トーマス・クーンの話を僕がいつ知ったかというと、大学2年生のときに内田貴先生に教わったのが最初でした。

内田先生は民法のご出身で、民法改正にも深く関わっている方なんですが、先生の理論は法学の世界では異端視する人もございまして、必ずしも全員から支持されているというわけじゃないんですね。

それで僕が大学にいたあるとき、民法を研究する他の2人の先生と、電車で2時間ぐらい一緒に乗る機会があったんです。

すると2人が、「瀧本君は本当に内田先生の言っていることを信じてるのか？」みたいな謎の攻撃をしてくるんです（会場笑）。

名前を言うとヤバいので言いませんが、「なんだ、この世界は？」と思いました。それまで学問は正しいほうが勝つと思っていたので、「民法の世界も、オルグ合戦みたいなところがあるんだな」と思って、非常にショックを受けましたね。

でもそのとき、内田先生が以前に雑談で話していたクーンのことを思い出したんですよ。

先生はクーンの事例をたとえに、「古い世代の人たちは、新しい学問の潮流を理解することができない。だから私の言っていることを理解できる日は、永久に来ない。フランスと日本が地続きでつながってると考えてるような人たちを、いくら理屈で論破してもしょうがないんですよ」という話をしていたんです。

それを聞いていたので、電車の中で「うーんなるほど、この先生たちは、つまりそういうことなんだろうな」と思った記憶があります。

……かなり業界的にヤバすぎる話をしているんですけど（会場笑）、わかる人はほんの一部しかいないので、大丈夫と思って話しています（笑）。

で、ここで覚えておいてほしいことがじつはあと一つありまして、天動説から地動説に移り変わるレベルの大きな変化が起こるときって、たいてい学問の世界も混乱しているので、「新しい世界はこっちです！」と主張する、変なヤツもたくさん出てくるんですね。

いわゆる「ニセ預言者」みたいな人たちです。

たとえば、「地球はそもそも空洞です。ボワ〜」みたいな（笑）、謎の学説がたくさん出てきて、そういうニセ預言者たちは話が非常にうまいので、間違ってその人たちについていってしまう人もたくさん出ちゃいました。

今のネットの世界でも、同じようなことが起きていますよね。誰だとは言いませんが。

だからですね、若い人たちは、口が達者で目立つニセ預言者ではなく、正しい預言者をちゃんと見極めて選択するということが、世の中の変化にとってはきわめて重要なんです。

みなさんが正しい判断をすることが、正しいあるべき社会を本当につくっていくんですよ。

第三檄で手に入れた「武器」

★パラダイムシフトとは、「世代交代」である。

★君と君たちが正しい選択をし続ければ、いつか必ず世界は変わる！

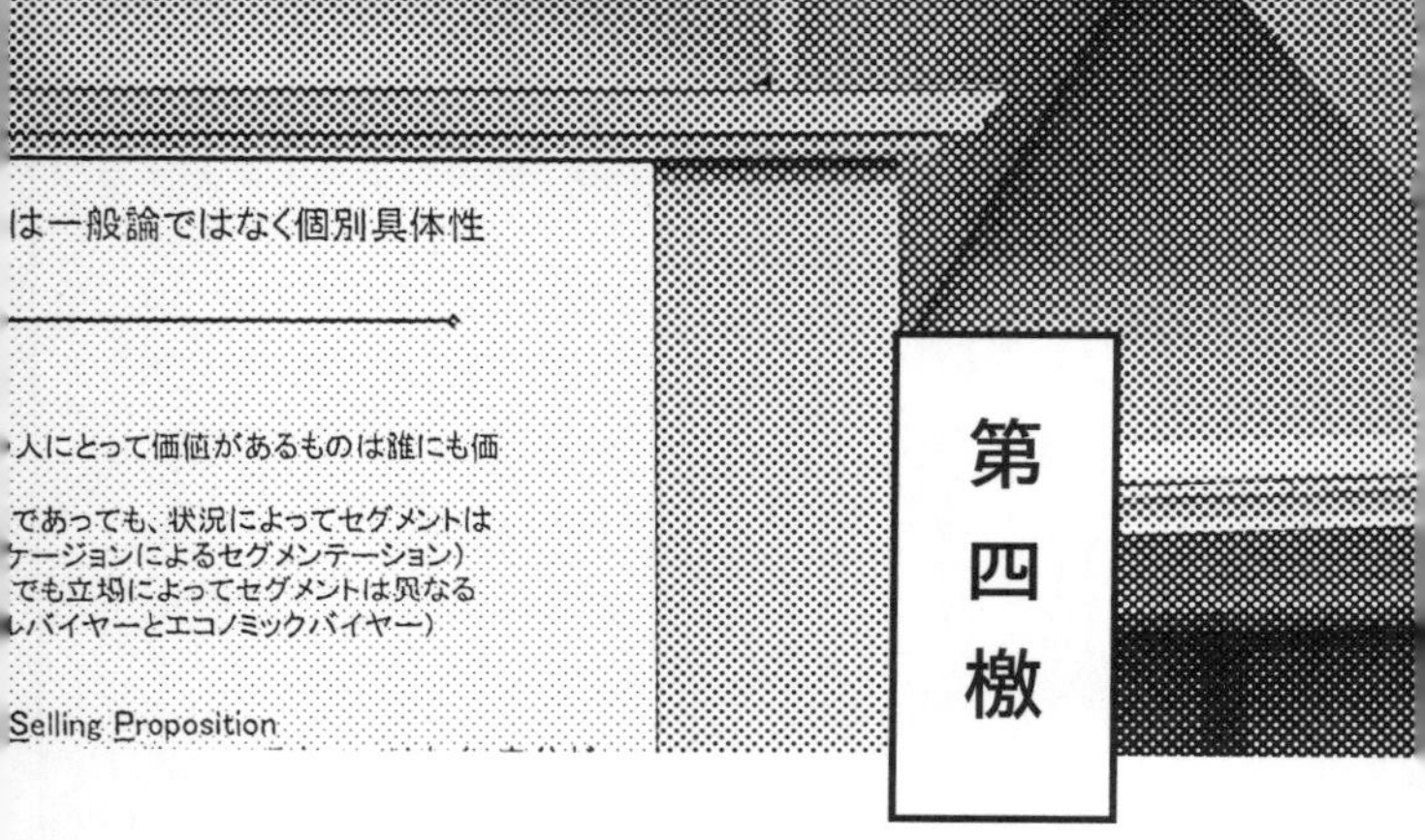
は一般論ではなく個別具体性
人にとって価値があるものは誰にも価
であっても、状況によってセグメントは
ケージョンによるセグメンテーション)
でも立場によってセグメントは異なる
レバイヤーとエコノミックバイヤー)
Selling Proposition

第四檄

「情報戦」

交渉は

ちょっと10分間のトイレ休憩を挟みましたが、ここからは少し趣向を変えて、しばらく「交渉」の話をしたいと思います。

『武器としての交渉思考』という本を出したばかりだからその宣伝がしたいというわけじゃなくて……、何度も言うように本の売上というのは僕にはあまり関係がありませんので、とにかくパラダイムシフトを起こす可能性のあるみなさん方にですね、今日はちょっとした武器を持ち帰っていってもらいたいと思っています。

はい、ではなんで「交渉」を学ぶ必要があるのでしょうか？

本では、「これから生き残る仕事は交渉を伴うものだけ」だとか、「新しい仕組みやルールをつくるために交渉による合意形成が必要」みたいな話をしましたが、今日はちょっと別の角度から説明してみましょう。

相互依存（そうごいぞん）の時代に必要なもの

社会を見渡してみると、いま、「ピラミッド型組織の崩壊」があちこちで起こっていますよね。

昔は会社も学校も、先輩や上司、先生の言うことは基本的に正しいから、部下や生徒はそれに従って当然、反論の権利はない！　みたいなのが社会常識でしたが、今はだいぶ変わって、たとえすごく強い立場にいる人でも、弱い立場の人を完全に屈服させることはできないようになってきています。

それはどの業界でも同じで、これまでの常識や正解が通用しづらくなり、さらにブラックボックスだった内部情報がネットで筒抜け（つつぬけ）みたいな時代に、「王様と家来」型のガチガチの秩序は、あらゆる組織で強制力を持たなくなってきているんですよ。

むしろオープンで対等な人間同士が違う立場で集まって、共通の目的のため、プロジェクトを実行したり、フラットな組織や共同体なんかを立ち上げたりする動きが盛んになってきていて、要は、トップダウン的な「支配関係の時代」から「相互依存の時代」に、完全に変化してきているんです。

そういえば今、国会の前に人がうろちょろしていますよね（編集部注：原発再稼働への大規模デモのこと）。

あれって、もし圧倒的に国家が強ければ、ふつうに捕まえて弾圧しちゃえばいいと思うんですよね。すぐ終わるわけです。でも日本はいちおう民主主義国家ですから、それはできない。

でも、もしほんとうに十数万人が国会を取り囲んだりしたら、さすがに政府も無視できなくなってくるじゃないですか。ただ騒いだり文句を言うだけじゃなくて、うまくネゴシエーションすることで、政府の言動を変えることだってできるかもしれません。でも、あの活動はそんなふうにはならなそうですよね。

その点でいうと北朝鮮という国は、小国なのに、いや小国だからこそ、ネゴシエーションが抜群にうまいんですよ。

じつは北朝鮮というのは、世界でも有数の交渉が得意な国だと僕は思っていてですね、（核が）何もないのにあるように見せることで生き残って、その間にほんとうにつくるみたいなことをやって、アメリカのような大国とも渡り合っているわけです。

このように、けっこう強い立場であっても弱い立場の相手を屈服させるのは今やむずかしいし、弱い立場であっても、考え方や行動次第では強い立場に影響を与えることも可能なんです。

政治に限らず、相互依存の社会では、見かけ上の強い弱いっていうのとは関係なく、交渉することによって自分を非常に有利な状況に持っていくことができるわけです。

ダメな交渉は「僕がかわいそう」

はい。ではスクリーンの問題を見てください。
実際のケースから、交渉について学んでいきます。
じつはこれ、関西の某大学で今、リアルタイムに起きていることから拝借しているので、「あそこか！」とわかっちゃう人もいるかと思うんですけど（笑）。

〈学生会館の利用問題〉

今まで、土日、祝祭日も含めて24時間利用できるようになっていた学生会館が、大学側の方針変更で平日の午後8時までしか使えなくなってしまいました。サークル活動や自習にも影響が出るので、みんなが困っています。あなたなら、どうしますか？

学生会館というのは、学生にとって課外活動の拠点ですし、大学の中で唯一、学生の名前が冠せられた建物です。いわば学生自治の象徴なんですよ。そんな学生会館の利用時間を大学側が勝手に制限するって、ありえないですよね。

最近は大学も管理がかなり厳しくなってきているので、こういう事態はこれからもしょっちゅう起こると思いますが、そういったときにみなさんが学生だったら、いったいどうしますか?

もちろん、「泣き寝入りして受け入れる」というのも一つの選択肢ですし、「民青の人を呼んできて働いてもらう」とか(会場笑)、他にもいろいろなオプションがあるとは思いますけど。

現実的に考えて、こういう状況になったらどうすればいいか。ちょっと1分ぐらい差し上げますので、考えてみてください。

（1分間経過）

そろそろいいですかね。じゃあそこのあなた。マイク、行きます。

生徒3「向井と申します。権威を有効に使うという方針で、すごく偉い先生にお願いして、その人の発言力でなんとかしていただくというのが、一つかなと思います」

なるほど。ありがとうございます。

昔、僕が東大の弁論部にいたとき、安田(やすだ)講堂を使って弁論大会をやっていたんですが、あるときから急に使えなくなってしまったんですね。で、そのときにあるOBのけっこう社会的に偉い立場の人が、「俺が圧力かけようか？」みたいなことを言ってきたんです。でも本当に外部からそんな圧力をかけたら、東大の当局が態度を硬化させて絶対使わせてくれなくなるのが目に見えていたので、「やめてください」と答えました。「もうそういう時代じゃないんで」って。

そしたらその方、「職員のおっさんなんて俺がひと声かければすぐクビを切れる」とか言い出すから、「ほんとうに、そういうのやめてください！」ってお願いしたんです（会場笑）。

ということで、残念ながら上から圧力をかけるというのは、あまり良い方法とは言えないんですね。

他の方はどうですか？　じゃあ、そこのメガネの女性の方。緑の服を着ている、そう、あなたです。

生徒4「24時間開けっ放しだったのが午後8時に閉まるということは、鍵を開け閉めするのに管理費が余計にかかるので、そこをアピールして交渉するかなと思います」

なるほどなるほど、いい感じですね。

では、僕の解答を言ってしまいましょう。

大前提として、大学側も学生とは合意を結びたいと思ってるはずなんですよ。もし学生が反対運動とか始めてキャンパスでワーワー騒ぐようになったら、大学当局も困るわけです。

だから学生側の要望もある程度は聞いてくれるはずなので、なんらかのかたちで交渉し、合意を結び、みんなが納得する落としどころを見つけることを、僕なら考えます。

大学と学生は、支配関係ではなく相互に依存し合う関係なので、交渉が可能なんですよ。これが軍隊とかだったら、上から下への命令は絶対なので、交渉の余地なんてものはないわけです。

じゃあ、どう交渉していくかですが、なぜ彼らが午後8時に突然閉鎖することを決めたか、僕ならその理由をまず調べますね。

それで「そういう事情で閉鎖するんだったら、こういうふうにすればべつに閉鎖しなくても済むんじゃないですか？」とか、「閉鎖することでそういうメリットは生じるかもしれませんけど、こんな予想もしなかったデメリットが発生しますよ。本当にそれでも閉鎖するんですか？」といったように、相手側に考えてもらえる提案を持ちかけます。

「僕たちがかわいそうだから閉鎖しないでくれ」とかじゃなくて、「午後8時に閉鎖すると大学のみなさんもお困りになりますよ」という話をして、「それだったらやっぱり閉鎖を見直すか」という方向に話を持っていくと思うんですね。

つまり交渉するときには、ただ一方的に自分たちの不幸や立場をアピールしたり、キレて暴れたりしても、たぶん相手は合意してくれなくてですね、そんなことよりも、いかに相手側の利害に沿った提案ができるかを考えないといけないんですよ。

「僕がかわいそうだからどうにかしてほしい」ではなく、「あなたが得をするからこうすべきだ」。これ、交渉の超基本になります。

基本的に交渉では、相手側の利害関係とこちら側の利害関係は、かなり違います。それをしっかり分析することで、双方が合意できる解決策を見つけ出すことができるんです。

アンカリングの魔力に騙されるな！

じゃあちょっとこの問題を発展させまして、大学側が妥協(だきょう)案を持ちかけてきたとします。

「学生たちが午後8時に閉まるのは困ると感じているのはわかった。それじゃあ2時間遅らせて、午後10時に閉めることにしましょう」と言ってきた。

これはどうでしょうか。

「やったー、2時間ゲット！ 我々の願いはかなった」と思いますか？

「いや、でも待てよ、2時間しか譲(ゆず)ってもらってないぞ」と思う人もいるかと思うんですけど。

大学からのこの提案に対してどう対応するか、また1分間差し上げますので、ちょっと考えてみてください。

（1分間経過）

時間がきました。はい、じゃあ、そこの手が早かった方。

生徒5「早稲田大学の今福です。まずこの提案自体がそもそも、閉鎖時間の問題に争点をずらされてると思います。瀧本さんの本で言えば『アンカリング』をされている状態なので、サークルで連合して圧力団体などをつくって、まずこのアンカリング自体を跳ね返すように努力します」

そうですね、そうですね。だいたい正解に近いことを言ってくれたと思うんですけど。

そもそもこの8時から10時というのには、なんの根拠もないわけですよ。「やったー、妥協してもらった！」って思うのは勝手ですけど、冷静に考えてみるとスタート地点が間違ってるんです。

学生会館はもともと24時間365日使えていたわけですから、彼らが8時から10時に妥協したと見せかけても、ぜんぜん妥協でもなんでもないわけですね。

まさに彼が指摘したとおり、完全に争点をずらされているわけです。

交渉ではこういうことが非常によく起こります。こういう見せかけの妥協に、けっこう人は左右されやすいんです。

それがどんな法外なものであっても、「人は金額なり条件なり枠組みなりを相手から先に提示されると、そこを基準に考えてしまう」というのがアンカリングですが、その効果をちゃんと実験で確かめた学者の論文もあります。

『武器としての交渉思考』は新書なのでいちいち論文名までは載せませんでしたが、書いてないだけでちゃんと論文は存在しています。いちおう僕も学者の端くれでしたので、そこらへんはちゃんとしていてですね（笑）。

アンカリングで有名なのは、組織行動研究の第一人者、グレッグ・ノースクラフトとマーガレット・ニール教授の実験です。

彼らは、複数の不動産業者と、ぜんぜん不動産に関する知識がない学生たちに、ある1軒の住宅の売り出し価格を査定してもらうという実験を行ったんですね。

各人に、間取りや築年数などの物件情報、近隣の価格相場などの資料を渡したうえで査定してもらったわけですが、資料の中の「住宅所有者の売却希望価格」だけは、人によって載せる数字を変えて、11万9000ドル、12万9000ドル、13万9000ドル、14万9000ドルの4種類を掲載しました。

学生はともかく、プロだったら、所有者の主観が入った希望価格なんて考慮せず、客観的に分析して、その不動産の適正価格を査定できると思うじゃないですか？

でも実験の結果は、ぜんぜんそうじゃなかったんです。プロだろうと学生だろうと等しく、アンカリングに見事に影響されてしまったんですね。

高い希望価格が書いてあった人のほうが、それにつられて、高い売り出し価格を出してしまいました。

それくらい、アンカリングは強力だということです。

だから、8時から10時っていう話をされたときに「大学側はかなり譲ってくれた」と感じるのは、向こうの作戦、向こうのアンカリングに見事に引っかかっているということになります。

大学からしたら、学生がその提示に乗ってくれれば「元通り24時間にしてくれ」という争点がなくなるので「やったー、ワクワク」というわけですよ

（笑）。

実際、この展開は、某大学でも現(げん)に起きたことなんですね。

大学が一方的に「午後8時に閉める、土日は閉鎖」と宣言して、学生が反発してきたので、「じゃあちょっと妥協してあげよう、土日も少し開けるから我慢してよ」と言ってきて、その通りになってしまったんです。

でもそうなると、みなさんの活動とか、どうなるんですか？　かなり困るわけですよね。だから本来ならそこで合意せずに、さらに交渉を進めていかないとならないわけですが、弱者である学生のほうが適切な武器を持っていないと、そうはならないわけですよね。

相手の「理由」をすべて潰せ

じゃあ大学の戦略に乗らず、どう交渉していけばいいか。

さっきも言ったように、「なんで今回午後8時に閉鎖することになったんですか」ということをまず確認していきますよね。そうしたら「深夜に窃盗などの犯罪が起こる可能性があるので、それを防ぎたい」という大学側の狙いがあることがわかったとするじゃないですか。

あとはそれを、論理的に潰していけばいいわけですよ。

たとえば、「だったら学生だけ入れるように学生カードで入退室できる防犯錠をつければいいじゃないですか」と提案してみる。

それに対して大学側が「いや、防犯錠をつけても結局、学生の中の悪い人間が財布を盗んだりする可能性もある」と言ってきた。

そしたら今度は「だったら防犯カメラをつければいいじゃないですか。防犯カメラが設置されたら、犯罪の予防にもなりますよ」と言えばいい。

それでも大学が「防犯カメラを設置するにはお金がかかるだろ？　そのお金がない」と言ってきたら、「じつは僕らで防犯カメラ設置に必要な見積もりはとってます。学生会館が24時間使えなくなったら、自習室で夜に勉強したい学生が困りますよね。未来永劫、夜に自習室が使えなくなると、うちの大学のロースクールの司法試験合格率にも悪影響があるから、心配してくれているOBの人たちがその予算を寄付してくれると言ってるんです。寄付金をいただける約束も、もう取りつけてあるんですよ」と言う。

相手の利害を研究して、たとえばここまで準備しておけば、大学側が学生会館を夜に閉める理由がまったくなくなりますよね。

これが交渉というものでして、くり返しになりますが「僕たちがかわいそうだからやめて」と言ったり、関西の某大学みたいに、民青じゃなく某連合を呼んできてシュプレヒコールとかやってみても、話はぜんぜん通らないいんです（会場笑）。

まずは大学側の主張をよく聞いて「それだったらこうすれば解決できるんじゃないですか？」という調査に基づく再提案をしないとダメなんですね。

ビジネス理論マニアの、残念な人

しかし交渉というのは、なかなか一筋縄ではいかないもので、せっかく調査をして大学側にとっても明らかにメリットのある提案をしたのに、1週間ぐらいしてから「会議の結果、やっぱり8時に閉めることになった」「一度決まったことは変えられない」みたいに、突然態度を硬化させたりします。

いかにもありそうな話じゃないですか。うへえ、マジかーって。

みなさんも、高校のホームルームの話し合いとかでありませんでした？ 先生がこうだって言うから、じゃあ論理的に考えて、こうでこうでこうしたほうがいいんじゃないですかって言ったら、突如先生が顔を真っ赤にして怒りだして、「瀧本、おまえは生意気だあ！」とかってあるじゃないですか（笑）。

そういう人って、どうしてそんなふうになるんでしょうね。

どなたか？ たぶん即答できると思うんですけど。

はい、じゃあさっきの女性がまた手を挙げてくれたので、あなた。

僕は挙手が早ければ同じ人でも指すっていう方針でして、公平とか僕、大嫌いなので。

生徒4「プライド、ですか？」

あ、そうですそうです。簡単に言えばプライドですね。

世の中の交渉の多くは、交渉する相手を合理的な判断ができる人という前提で進めるわけですが、じつは非合理な考えをする人ってむちゃくちゃたくさんいるんですね。

それはＩＱともあんまり関係なく、誇り高き旧帝国大学法学部の先生たちの中にもいまして、実際僕も学生時代にあまりにも正答しすぎたので逆ギレされたことがあります（笑）。

なので合理的な個人を前提とした交渉だけでは世の中うまくいかなくてですね、感情的で非合理的な人とどう交渉するかというのも考えておかないといけないんですよ。

伝統的な交渉理論では、お互いの利害の落としどころを見つけるために、グラフを書いたりして「ここで最適化する」とか論理的に導こうとしますが、実際の交渉現場ではそういうパレート最適とかゲーム理論なんてものはほとんど使えなくて、むしろ心理学や社会学、行動経済学の知見のほうが重要だったりします。

「俺はＭＢＡ交渉理論を学んでるぜ」みたいな、やたら理屈をひけらかすのに本人の仕事は超残念みたいな人、大勢いるじゃないですか（会場笑）。

「理論可能性バイアス」という考え方がありまして、ある理論を学習すると、なんでもその理論を通じて見えるようになってしまうんですね。金槌(かなづち)を持っていると、気づかなかった釘(くぎ)があちこちに見えるようになる、そういった話です。

なのでビジネス理論マニアのそういう残念な人こそ、非合理的な相手とどう交渉するかという、現場のビジネススキルをしっかり学んでほしいと思います。

と言っても、もちろん合理的な人も世の中にはたくさんいますから、そういう理性がある人には理論的な交渉が有効です。

要は、両方についてちゃんと知っておかないとダメだということです。ということで交渉思考の本では、頭でっかちな残念な人には第5章（「非合理的な人間」とどう向き合うか？）を読んでもらって、そういう世俗的な人間のことはよく知ってるんだけど理論的に考えるのは苦手という人には、1章から4章の「合理的な人間との交渉」を読んでもらうという、ちゃんと顧客によって誰でも満足できて、330ページの厚さでたった900円、うわ安っ！　みたいなつくりの本になっているんですね。

……うーん、やっぱりこれ、単なる本の宣伝ですね（会場笑）。

バカがいたら、猿だと思え

とにかく、相手が自分とまったく違う結論に達したときは、「なぜ相手はそう考えたのか」を理解することです。

向こうがぜんぜんわかってなくて、「そうかそうか、この人はたいへん頭が悪いのか。かわいそうに……」と判明したとしても、なんの意味もないですよね。どんな理由であれ、相手側が合意しないと交渉は成り立たないわけですから。

交渉は、感情的になって相手と喧嘩(けんか)したり、逆に理解しあって仲良くなるために行うのではありません。「合意するため」に行うのです。

相手がどんなにむちゃくちゃなことを言っていたとしても、「むちゃくちゃにはむちゃくちゃなりの理由がある」という前提に立って、考えていくしかありませんよ。

非合理な判断をする人にもタイプがあってですね、自分の価値観と合わないとダメだとか、知らないやつは嫌いだとか、なんでも俺が決めたいとか、俺をバカにするなとか、おまえはランクが低いから認めないとか、いろいろあるんですが、なるべく早めに「この相手はどのタイプかな」と見抜いて、それに合わせた作戦を立てたほうがいいってことです。

それなりに教育を受けて、年齢もいっていて、地位の高い人であれば、そんなわけのわからないヤツはいないとお思いになりますよね。みなさん？でもたいへん残念なお知らせがありまして、僕の知るかぎり、そういう人に限って、じつはわけがわからないんですよ。

僕はよく霞が関で働いている人から愚痴(ぐち)を聞くんですが、その人たちは日々、一応国民から選ばれた「偉い方々」とお仕事をされているんですね。でもその選ばれた方々って、いきなり支離滅裂で感情に任せたわけのわからないことを言いだしたりするんです。そうすると霞が関の人は合理的で頭がいいですから、まともに対応してると頭がおかしくなってくるらしいんですよ。

今日のこの場にも、霞が関でお仕事をされている20代の方が少なくとも一人いらっしゃるようですが、よくわかりますよね？

それで僕はよく、「相手が人間だと思うから腹が立つんだ」って話をします。「相手を猿だと思えば腹は立たない」って（会場笑）。

霞が関の仕事は、国民の代表である選良の人たちからの合意を得るというゲームではなく、向こうは動物園の猿で、こっちは猿の飼育係であると考えるといいんですね。

猿の飼育係の仕事は、自分は人間だと誤解してる猿に餌をあげて、「明日は休みで家族連れがたくさん来るからよろしくお願いしますね」みたいな感じで機嫌を取ることじゃないですか。

言うこと聞かない猿に飼育係の人がキレて、「おまえは猿のくせにいいかげんにしろ！」とか言ってバシッとやったら、猿いじけちゃいますよね（笑）。

だいたい動物園に猿山を見に来る家族連れがどういう人か、想像していただきたいんですけど、最近忙しくて家族の間に隙間風が吹いてることに悩んでるお父さんがいてですね、「そういえば子どもの頃に、上野動物園に家族で行って楽しかったなあ。うちも今度の休みに動物園に行けば、家族がまたまとまるぞ」とか思って来るわけですよ。

ところが前日、飼育係が猿をバシッとシメたので、ボス猿がショボーンとかしてるわけです。それを見た子どもが、「なんかあの猿山のボスって、パパみたいだね」とか言ったら、寒いじゃないですか（会場爆笑）。

霞が関の人も、相手を自分と同じ人間だと思うから腹が立つのであって、「彼らはそういう（よくわからない）価値観で生きてるんだから、それを前提に作戦を考えよう」と思えば、気持ちも乱れなくて済むよという話をしたら、「僕もなんだか、だんだんそんな気がしてきました！」って満面の笑みで納得してくれて、その人は今も無事に霞が関で活躍してるんですね。

セールスは何で決まるか

次なんですけど、ちょっと僕だけが話し続けてもつまらないので、ここらへんで実験をしてみたいと思います。いいですか？

はい、いま座ってる席の隣の人に、自分が持っているものをなんでもいいですから、売り込んでみてください。

バッグにつけているぬいぐるみとか、具体的なモノでもけっこうですし、ビジネスのアイデアとかでもかまいません。自己紹介を簡単にしたあとで、「この人だったら、こういうものを欲しがるだろうな」と考えてみて、提案してみてください。

気をつけていただきたいのが、間違ってもマルチの勧誘とかはやめてくださいね。ヨガ教室に誘ったらじつは空中浮遊の道場だったとかも、絶対にやめてください（笑）。

このワークはちょっと時間がかかるので、7分ぐらい差し上げましょう。

一、隣の人と2人組になる
二、お互い、簡単に自己紹介をする
三、相手が欲しがりそうなものを考えて「これどうですか？」と提案する
という流れです。
「相手がいないよ」という人は手を挙げていただくと、係員が走っていって隣に座ってくれるという仕組みになってますので（会場笑）、はい、ちょっとやってみてください。

（7分間経過）

じゃあ、そろそろやめていただきましょうか。
いま相手の話を聞いて、「それはぜひ買ってみたい」と思った方、手を挙げていただけますか？

うーん、3、4％ぐらいかな。

つまりほとんどの人は、いろいろと提案したにもかかわらず、相手の関心がまったく得られなかったということですね。

関心を得られなかったのにはいろんな理由があると思いますが、そもそも会ったばかりの隣の人が何に関心を抱いているか、わからなかった人がほとんどだったんではないでしょうか。

モノを売ったり相手の関心を得るときに大切なのは、「セグメンテーションされた情報を与える」ということです。「相手のニーズに応じたもの」と言い換えてもいいでしょう。

ほんの数十秒の自己紹介では、相手がどういう人かぜんぜんわかりませんから、当然その人の考えもニーズもわからない。だから、心に響く提案もできないわけです。

それをみなさんに実感してもらいたくて、やった実験なんですね。

たとえば、赤門の向こうにあるホールを寄付で造ってくださった某大手教育関連会社はですね、生徒を集めるためのＤＭを打つタイミングを、非常に精緻に決めています。ちょうどテストの１週間前と、テストの結果がわかった頃にＤＭが来るんですね。

それは、相手のニーズから逆算して考えているからです。

テスト１週間前に送られてくるＤＭはどんなものかというと、中に漫画が入っていてですね、サッカー部の男の子とかが主人公で、「大変だ、もうすぐ試験なのにぜんぜん勉強できてない！　今度の中間テストの成績が悪かったら部活をやめろと親に言われてしまった!!」みたいな内容なんです。

ところが彼の先輩は、サッカーを一生懸命やっているのにテストも余裕綽々なんですね。だから「先輩はどうしていつも余裕なんですか!?」って聞くと「じつは……」となって、「それは○○ゼミをやっているからなんだ！」って展開になるわけです。

みなさん、見覚えありますよね？

そんなふうに試験前に来るＤＭは、テストが近づいても慌てないようにふだんからちゃんと予習できて、無理のないカリキュラムを用意している〇〇ゼミは最高、みたいな言い方をするわけです。

ところが、テストが終わったあとになるとどうなるかっていうと、違う漫画が送られてきてですね、主人公は頭を抱えて「ヤバい、また成績が悪い！どうしよう～!?」みたいな（笑）。

お母さんに大目玉くらって、このままだと部活をやめさせられてしまうっていうときに「〇〇ゼミなら苦手分野もすぐカバー！　いまは成績悪くても、次の学期に逆転できるセットがあります！」みたいなものが、オファーされてくるわけです。

要するに、相手がどういう状況にあるかで、じつは欲しいものはぜんぜん変わってくるし、提案の言葉というのは、同じ商品でも相手のそのときのニーズに応じて適宜変えていかないといけないいんですよ。

セグメンテーションが大事ですし、ここでもやはり「言葉」が力を発揮するんですね。

ちなみに、学年別に漫画の終わり方というのも決まってまして、男の子の場合は、小学校から中3近くまでは、だいたいライバルに勝って終了ってパターンです。

女の子の場合はずっと恋愛で、先輩にかっこいい人がいて……というストーリーなんですけど、ところが中3になると男の子も恋愛要素が強くなってきてですね、このままだと大好きな○○ちゃんと同じ高校に行けなくなってしまう、ドヨヨヨーンみたいな（会場笑）。

でもこのゼミに入れば○○ちゃんと同じ高校に行けるよ、高校に行ったらもっと頑張ろうぜ、といった感じになるんですね。

サイボウズは交渉の達人

こういった、ターゲットによって、そしてそのターゲットの状況に応じて提案を変えていくというやり方は、BtoB（ビートゥビー）（企業間取引）の営業でも定番です。同じ会社に同じ商品を売るとしても、営業先の人の立場によって、やり方がぜんぜん違うんです。

たとえば、「サイボウズ」っていう、グループウェアのITサービスがあるのはご存じですか？　かなりヒットしていろんな企業が導入してるんですけど、サイボウズ使ったことある人？

（数人挙手）

何人かいますね。

けっこうスピード遅いって印象ありませんか？　使いにくいって印象ありませんか？　そう思いますよね？　なのに、じゃあなんでサイボウズはこんなにも流行っているんでしょうか。

どなたか。はい、じゃそこの男性の方。

生徒6「同じような機能を持つ類似サービスより、価格が安かった?」

そうですね。じつはそう、まず安いというのがすごく大事で。サイボウズは、事務所レベルの数十人の営業所とかでも買えるぐらいの値段なんですね。それで、大手企業の本社がいっせいに全支社、全事務所で導入を決めたというのが、ヒットにつながった一因になっています。

でもふつうに考えれば、そういうITのシステムを導入するときって、実際に使うユーザーの意見も聞くと思うんです。いくら安くても、値段だけで決めるってことはないはずです。担当者にとって導入費用なんて、ぶっちゃけ自分のお金じゃないわけですし。

はい、ではいったい誰が、最後のラインで決定するんでしょうか? 女性の方。

生徒7「その遅さが、上司のおじさんたちにピッタリだったから?」

おお、なるほど。良い答えです。

でもね、だいたい上司は自分では決めないんです。どのグループウェアを導入するか決めるのは、その会社の現場で働く、システム対応のSE君たちなんですね。

「うちも最近流行りのグループウェアとかっていうものを入れたらどうかと思うんだけど、どれがいいかな?」って話が上司から出たときに、「それならサイボウズがいいですよ!」と多くのSEが答えたから、サイボウズはヒットしたんです。決済(けっさい)のハンコを押したのは上司かもしれませんが、意思決定者はシステムエンジニアなんですよ。

じゃあ、なんでSE君たちはわざわざ遅いサイボウズを選ぶのか、という疑問が湧きますよね。わかる方いますか？

生徒8「自分の好きなようにカスタマイズできるから」

ああー、ちょっと違いますね。

ちなみにサイボウズを導入すると、「ボウズマン」というサイボーグのフィギュアがプレゼントされるんですが、それがもらえるから買った人はいるかもしれません（笑）。

じゃあ質問の方向を変えて、あなたがどこかの会社のシステム担当だとしましょう。グループウェアを導入して、どうなったらいちばんイヤですか？

はい、あなた。

生徒9「保守メンテに時間がとられるのがイヤです」

保守メンテって、どういうことですか？　具体的に。

生徒9「グループウェアでエラーがあったりだとか、システムが止まったときに、業務が滞るから早急に直せ、みたいな」

ああ、でもたぶん同業でも、止まるほどひどい商品って売ってないと思うんですよ。商品の信頼性で言えば、どこもあんまり変わらないと思うんです。

生徒9「だとすると、サポートデスクが充実していたとか？」

あ、近づいてきましたね。

答えを言うと、いちばんシステムエンジニアにとって恐怖なのは、使い方がよくわからないやつらから質問が殺到して、自分の仕事ができなくなることなんですよ。

おじさんたちから「会議室の予約ってどうやるの？」とか聞かれて、そのたびに「ここのボタンを押して時間を設定して……」とかいちいち答えるの、悲惨じゃないですか。

ところがサイボウズは、おじさんでもバカでもわかるようにボタンがでかくて、「予約」とか「日報」「タイムカード」とかもボタンにぜんぶ書いてあって、どんなに頭の悪い人でも見れば一発で使い方がわかるんですね。

なのでシステム担当の人からすると、「これなら使い方がわからないとか言ってくるやつはいないな」と安心できるんです。

SEの彼らにとって、グループウェアなんてはっきり言ってクソなわけですよ。そんな手間ひまとお金をかけて開発するようなものじゃなくて、「グーグル使えばいいだろ」とか、内心は思ってるんですね。

でも、たとえば「グーグルグループ」を導入すると、「俺、グーグルのアカウント持ってない」だとか「私、携帯番号をグーグルに教えたくない」だとか、社員でモメる面倒くさいやつが絶対出てくるじゃないですか。それが超イヤなんですね。

サイボウズはとにかくめちゃくちゃわかりやすいから、あれが使えないぐらい賢くない人は、たぶん会社に勤められないんですよ。

なので、すごく遅くてじつはちょっと使いにくいんですけど、懇切丁寧で親切すぎる設計がSEに評価されて、たくさんの企業に導入されたというのが裏話としてあります。

これ、べつにサイボウズをけなしているんじゃなくて、褒めてるんですよ（笑）。

要するに、購買担当者が違えば、彼らが重視する大事なこともぜんぶ違ってくるということで、ビジネスも交渉も、相手のことを理解しないままどんなに努力したり性能を上げたりしても、無意味なんですね。

つまりは「聞いたもん勝ち」

さっきやった2人組の実験では、その人が重視しているものが何かよくわからないまま、的外れ（まとはず）な提案をしてしまい、「いやー、とくに興味ないですね」と言われてしまった人がほとんど、という結果でした。

逆に言うと、売れるものや受け入れられる提案というのは、やはりよく相手側を分析したものになります。

サイボウズであれば、「性能はよそのほうがいいかもしれませんけど、社員から問い合わせが来ないのはウチだけですよ」みたいな、魅力的なオファーが出せるわけです。

なので交渉においても、こちら側の主張をたくさんするよりは、相手側にたくさん聞いて、相手が何を重視しているかを分析したうえで、最終的に「だったら、これはどうですか?」と提案するほうが、交渉がまとまる可能性が高まるんです。

「交渉をまとめる」というと、自分たちの意見をガーガー主張したほうがいいと思われがちですけど、じつは嘘。

交渉の一般的なイメージというのはだいたい間違っていて、交渉は「言ったもん勝ち」ではなく、「聞いたもん勝ち」なんですね。

なのでさっきの実験でも、みなさんは聞き役に徹して、まず相手の情報を集めて、最後の最後にひと言、相手にとって魅力的でユニークな提案をするというアプローチをとるべきだったんです。

交渉の本質というのは、どっちかというと「情報戦」に近くて、いかに相手側から情報を集めるかで決まるんです。

ええとですね、今日は駆け足で「交渉」について話してきましたが、この交渉の基本だけは覚えて帰っていただけると、たいへん有効なんじゃないかなと思っております。

つまり交渉とは、

「自分の都合」ではなく、「相手の利害」を分析する、そのためには、「話す」のではなく「聞く」、そして、非合理な相手は「猿」だと思って、研究する（笑）。

はい。

そういえば先日も、僕のところに、英語の論文コンテストを新規に始めるので瀧本さんの学生に勧めてくださいよーみたいな謎の売り込みが大学の職員から来たんですが、チラシとかの提案がヘタクソなんですよね。そんなんじゃ誰も参加しないから、僕がその場で新しいのをつくってあげたんですけど、この場合も、ふだん授業で接することで見えてくるターゲット（大学生）の利害を洞察して、そこから言葉や展開をつくっていけばいいだけでして。

まず「良いネタになって就職活動に役立ちます」「内定が近づきます！」みたいな、一番のニーズに対することを言ってですね、1年目だからまだ競争は少ないけど、来年度からは激戦になりそうだから今年やったほうが断然お得で、参加できる学年に制限もあるから、やっぱり今やらないとヤバいよね、みたいな感じに展開するんですよ。

しかも、英語でやる論文なんてみんな出したくないんですけど、よく考えると、これからの時代どうせ将来英語やるんだから、だったら英会話学校よりコストをかけずに英語の勉強ができて、やったー、ラッキー！　超お得!!みたいな（会場笑）。

院生も手伝ってくれるし、某ディベート大会よりハードル低いです。で、メールアドレスだけで簡単登録できるので、ちょっと今すぐ登録して最初の課題だけでもやってみましょうとかって書くと、あんなに人気がなくて閑古鳥だった論文コンテストが、瀧本ゼミでは全員応募、みたいになるわけですよ（笑）。

交渉を学ぶと、プレゼンとかも断然うまくなるんですね。

★弱者こそ、「交渉」という名の武器を持とう。

★常に「相手の利害」を分析せよ！

第五檄

7敗」のゲームだ

人生は「3勝9

はい。では次のスライドいきましょう。

リーダー論を少し。

「なぜ日本にはリーダーが育たないのか？」

こういった議論を昔からよく見かけますが、これは問い方が間違っているんだと思いますね。

この問いが前提としているリーダーって、要は「カリスマ」のことなんですよ。誰か自分の代わりに世の中を良くしてくれる救世主、ジョブズみたいな巨大なリーダーを求めているわけです。

そうじゃなくて、今は、「どうすれば日本に『小さなリーダー』たちが育っていくのか？」を考えていくべきです。

今の日本って、地縁とか血縁、会社の社縁とかでつながった古いタイプの組織が徐々に瓦解して、新しい組織やつながり、新たなルールを自分たちの手でつくっていく社会に変化していく、ちょうど入り口の段階にあるのだと思っています。

今はまだ小さいけれど、志と静かな熱を持った「新しいつながり」「新しい組織」が、若い人を中心にゲリラ的に次々と生まれていますよね。ベンチャーやＮＰＯもそうだし、私塾や社内の新規事業、業界横断型のプロジェクトなんかもあります。

そういった「群雄」の中でリーダーシップを発揮している小さなリーダーにこそ、注目すべきなんです。

社会変革というのは、ひとりの大きなカリスマをぶち上げるよりも、小さいリーダーをあちこちにたくさんつくって、その中で勝ち残った人が社会でも重要な役割を果たしていくというモデルのほうが、僕は、はるかに健全だと思っています。

ショボい場所から始めよう

たとえば、アメリカの大統領だったビル・クリントンという人は、晩年のスキャンダルのせいで悲惨な人っていうイメージが強いと思いますけど、じつはいろんな大きな仕事をしていて、僕はけっこう良い大統領だったと評価しているんですね。

クリントンは32歳のときにアーカンソー州の知事になって本格的な政治キャリアを歩み始めましたが、アーカンソー州って全米50州の中でも断トツのド田舎でして、仕事もないし州政府も貧乏だし、住民がどんどん逃げ出していたんですよ。

それが、クリントンが州知事になって、立て直した実績が評価されたことから、大統領への道が開けていったんです。

オバマなんて、もっとショボい場所からスタートしています。

彼はもともとシカゴのコミュニティオーガナイザーという仕事をしていま

した。そう言うとなんとなくかっこいい仕事に聞こえますけど、要はそこらへんの市民運動家ですよ。そこで実績をだんだん積み重ねていったときに、たまたま民主党の党大会があったんですね。

当時の民主党は国民からぜんぜん人気がなくて、「もう俺たちは終わりだ。ドヨーン」みたいな雰囲気になってたんですが（笑）、むちゃくちゃスピーチがうまいオバマが出てきて「みんな頑張ろうぜ！」みたいな話をしたら、「なんかあの人、いいんじゃない」みたいに思われ始めて、いつの間にか大統領候補になったんです。

実際の話、オバマという人は最初、超泡沫候補だったわけですよ。当時の新聞とか雑誌を見ていただけるとわかりますが、「オバマというわけのわからないやつが急に出てきて、ちょっとずつ若者の間でオバマブームが起きている」みたいな色物扱いされてます。

その後もしばらくメディアでは「こういう小さなブームはすぐ終わるだろう」といったネガティブな論調がほとんどだったんですが、どんどんブームが大きくなって、大統領に当選することになりました。

なので、日本でもオバマのような、最初は小さい、辺境(へんきょう)の悲惨な場所で頑張ってる若いリーダーが、だんだん仲間を増やして大きくなっていくという流れは、起こってぜんぜん不思議じゃないと思っています。

計画された失敗

だからですね、いろんな立場の人が、バラバラの場所でいろんなことをやったほうがいいんです。

「計画された失敗」って言いますけど、いろんな人がローリスク・ローリターン、ハイリスク・ハイリターンで「自分はこれが正しいと思うからやってみよう」という行動を試してみたら、今日は会場に300人ぐらいいますから、そのうちひょっとしたら何人かが正しいゴールにたどりついて、天下を取る可能性だってあるんですよ。

それを僕は期待しているわけですね。

だから「瀧本先生、僕に進むべき道を教えてください」じゃないんです。ぜんぜん違うんです。君が自分の仮説を出して、それを試してみるしかないんですよ。

とにかく自分が正しいと思うことを試してみて、自分のまわりに正しそうなことをやってる人がいたら、それに合意したり、支援する。

残念ながら僕には、正解も未来も圧倒的にわからないんです。僕の仮説も行動も、支援先も、ぜんぶ失敗に終わる可能性だって当然あります。いやむしろ、ほとんどが失敗するでしょう。

失敗は織り込み済みなんです。それでも悲観することなく行動できるかどうかを、みなさんに問いかけているんですよ。

ベンチャー企業というのは、統計的に100社あってうまくいくのはたった3社くらいだと言われています。

要は「3勝97敗のゲーム」なんですね。

でもぜんぜん悲しむことはなくてですね、失敗した人はまた再チャレンジすればいいだけです。そうやって失敗と成功をグルグル回していって、社会を良くしていくのが、資本主義の素晴らしいところなんですね。

人生もそうですよ。みなさんがいろんな分野でチャレンジし、分母の数を増やしていくことが重要で、そうしてみんながいろんな方法を試しているうちに、2、3個ぐらい成功例が出てくるんです。

仲間は必ず「いる」

今日は福井からいらっしゃっている方がいると言いましたが、たとえばわからないですよ、「僕は福井のド田舎にいて、もう本当にどうしようもないんです」とか「仲間なんて誰もいなくて……」ってあるかもしれませんけど、真剣に探せば絶対いると思うんです。

福井にいなかったら、いるところに移動したっていい。
仲間を探すことを諦めないことです。

それで、仲間を探したり増やしていくときにけっこう重要なのは、「自分と違う属性の人間を集める」ことです。これは本にも書きましたが、大事なことなので、くり返します。

リチャード・フロリダという都市社会学の学者が、アメリカの都市間競争を比較研究したところ、ゲイとかアーティストとかクリエーターとか、けっこう変な人たちがたくさんいるところのほうが都市として成功するという、きわめてショッキングな論文を発表したんですね。

これはつまり、多様性を認めて、自分と違う価値観に対して寛容(かんよう)な社会のほうが、イノベーションが起きやすいということです。

「弱いつながり」という、最近ちょっと流行りだしているワードがありますが、これも同じようなことを言っています。

マーク・グラノヴェッターという社会学者が「弱い紐帯（ちゅうたい）の強み」という論文で発表したのが元ネタですけど、要は、自分とバックグラウンドが違う人たちと組むことが成功の要因になるという研究です。

なので、ちょっと大きな誤解があるんですが、SNSはけっして「弱いつながり」ではないんですね。

意識の高い似た者同士がつながって、シェアハウスで一緒に暮らして「俺たちは自由だ」とかやっているのは、弱いつながりでもなんでもなくて、ただの強いつながりなんです。

弱いつながりという新しい言葉を知って喜んで使ってるだけで、論文とか読んでないんですよ。頭悪っ、ちゃんと勉強してくださいねって感じなんですけど。

ここ東京大学もそうですが、みなさんが通っている大学というのは、本来、異質な者同士を結びつける機能を持った場所なんですよ。

大学というのは、いろんなバックグラウンドの人が集まって、その人たちが自由気ままに研究を進めるなかで刺激を与え合うことで、新しい知を生み出す場所であり、「ユニバーシティ」というのは、多様な知恵や人材が一つに結びつく理想の場のことなんですね。

しかし残念ながら、東大も京大もダイバーシティはそんなに高くなくて、似たような経歴と年齢の日本人ばっかなんですけど（苦笑）。

伊藤博文の記録を抜こう

今日、20歳以下の人たちって、どれぐらいいますか？

10代の方？

（会場の所々で挙手）

なるほど、まあまあいますね。

高校生の方は？

あ、ひとりいますね。

中学生は……さすがにいないと。

僕はですね、18歳ぐらいの人だったら、今から気合を入れれば、伊藤博文の記録を破って30代で首相になれる可能性は十分にあると思っているんですよ。

最年少記録は、初代首相の伊藤博文で、44歳です。

日本で政治家になるには、選挙に強いことが必須なので、「地盤・看板（知名度）・鞄（資金）」の三バンが必要だって聞きますよね？

それでそういう後ろ盾を持たない人が、有力な政治家にすり寄って「なんとかチルドレン」とか呼ばれておこぼれで当選することもあるわけですが、じつは彼らは「なんとか組」のしょせんサラリーマンなんです。

だからトップの人が急に「脱党するぞ！」って言ったら、否応なく一緒に脱党しなきゃいけないし、「党の綱領を変えました」と急に言われても、反対することとかできないんですよ。

だからみなさんにはそういう奴隷の道ではなくてですね、なんとか自分自身で、地盤とか看板をつくってほしい。

その方法は、お住まいの地域の課題に向き合って、解決していくことでもできるでしょうし、簡単になれる市議からスタートして、県議にステップアップして、みたいな感じで段階を踏めば、たぶんできるんです。

なので、今日いらっしゃった10代のみなさんの中で、いろいろ考えてみた結果「やっぱり俺がやるしかないかな」みたいに思った人は、ぜひやってみてください。

途中で玉砕するかもしれませんが（笑）。

よくツイッターとかで「政治家は頭が悪い」って言う人がいるじゃないですか。だったらご自身で出られたらいかがですかっていうのが僕の意見で、総理大臣になればいいんですよ。

そうすれば、いちばん解決されるじゃないですか。

大学生活でも、「なんであんな頭悪いやつが、わけのわからない理由で学費を値上げしたりするんだ」とか、むかつきますよね。簡単です。そいつを倒せばいいだけです（会場笑）。

笑ってますけど、僕はけっこう本気で言っていてですね。

「自分はできないな」と思う人もいるでしょうけれど、だったら、見込みのありそうな人を応援すればいいじゃないですか。

パソコンの覇権争いでも「ウィンドウズむかつくな」と思った人が、アップル製品を買っているように、今の政治家が気に入らないのであれば、自分と考えの合う政治家を支援して、そいつを当選させ続ければいいんですよ。

僕は教育公務員でもあるので、あまり露骨に特定の議員を応援することはできないんですけど、じつはスピーチライター的なこともやってまして、ある政治家の感動的なスピーチは、じつは僕が書いているっていうのがあったりするんですけど（笑）。

自分でも密かにそういう活動をしてまして、少しずつ世の中が変わっていく、きっかけになればいいいと思っています。

ファイトクラブ戦略

あと大事なのはですね、中心がない「分散的なネットワーク」をつくるということです。

『ヒトデはクモよりなぜ強い』っていう、超有名な本がありますよね。

クモは頭を潰せば死んじゃいますが、ヒトデって、真っ二つに切られても、それぞれが個体になって再生します。それは神経細胞のネットワークが全身にあるからだそうですが、組織もそういう「頭」がないほうが強いんです。

アノニマスというハッカーのグループが今、アラブ諸国の反政府運動を支援したり、麻薬組織をサイバー攻撃したりしてますよね。あれはけっこう、効果的なんです。なぜかって、アノニマスは中心がない組織なんですね。だから誰かがアノニマスのメンバーをひとり捕まえても、なんの効果もないわけですよ。

もし僕がカリスマ的な立場になって「よおし、自民党政権をぶっ倒すぞ」と思って活動を始めたら、たぶんある日、よくわからない理由で突然逮捕されたりするんです（笑）。それでそのグループはおしまい。それってイヤじゃないですか。だから、そういうことはしないんです。

誰が中心かも、誰が何をしているかも、誰がメンバーなのかもよくわからないんだけど、何かがそのグループの周辺で確実に起きている——そんなゆるやかでしたたかな組織が、僕は良いと思っています。

僕はそれを「見えない結社」と呼んでいます。要は、秘密結社のことですね。ゲリラとか秘密結社とか、武器とか、けっこうヤバいやつなんじゃないか、ここにいて大丈夫なのか、と思われるかもしれませんが、どうなんでしょう（会場笑）。

秘密結社は、誰が中心なのかよくわからないけれど、その中には僕みたいな「ハブ」になるような人物が何人かいて、そこから広がったネットワークが成果を生んでいくという仕組みです。

みなさん、「ファイトクラブ」って映画、観たことあります?

どういう映画かというと、普段しょうもないサラリーマンをやっている男が、週末に集まってボクシングごっこをする秘密クラブに入るんですね。それがきっかけで、だんだん世の中の矛盾（むじゅん）に気づき始めて、平日の昼間にメンバーたちがちょっとだけ世の中を変えるいたずらを始めるんです。

ところがいたずらを続けるうちに、どんどんやることが大きくなって、最終的に革命が起きてしまうという映画です。

たぶん今、この国にも必要なのは、そういった「ファイトクラブ戦略」なんですよ。いろんな人がちょこっとずつ、あちこちで変化を起こすと、いつの間にか世の中が大きく変わるということです。

フリーメイソンに学べ

「秘密結社」とか言うと、なんだか陰謀論チックな響きがありますよね。フリーメイソンとか……。

もし誰かが「フリーメイソンが世界を支配しているんだ！」なんて言ったら、陰謀厨の頭が悪そうなやつにしか見えませんが、じつはフリーメイソンというのは実在していて、歴史的な事実なんですね。

現在の東京にもロッジと呼ばれる支部がありまして、神谷町の駅から降りて東京タワーのほうに歩いていくと「フリーメイソン」という看板がある彼らの持ちビルがあります。最近だとメンバーも高齢化で少なくなっているらしく、「若手会員募集中」とか貼ってあるんですよ（笑）。

今は、ほんとしょうもない老人クラブみたいになってるんですけど、大昔のヨーロッパの知識人は、ゲーテとかモーツァルトとかも、みんなフリーメイソンに入っていました。

彼らがなぜ加入したかというと、フリーメイソンは当時支配的だったカトリックに対して批判的だったからです。「全知全能の神の教えに人間は従うべきである」というカトリックの教えに納得できない人たちが、「人間は理性を持っているのだから、その理性に従って行動すべきだ」と考えて集まった組織が、フリーメイソンなんですね。

「神」のような超越（ちょうえつ）した存在ではなく、人間の理性を重んじるという考え方には古くからの伝統があって、彼らは人間の可能性を信じていたんです。

それで「ピラミッドをつくったのは我らの先祖だ」みたいな完全なでっち上げも言ってたりして（笑）、要するに中二病の塊（かたまり）みたいな集団だったんですが、そんな人たちが「自分たちで理想の国家をつくろう」と言って、イギリスから独立して建国したのが、アメリカ合衆国なんですよ。

ニューヨークの自由の女神の台座には、「これはフランスのフリーメイソンからの贈り物だ」と書いてあるんですが、彼らはそれぐらい力を持っていたわけです。

それでよく陰謀論者が「アメリカの支配層はフリーメイソンのメンバーで、彼らが裏で世界を支配している」なんて言ってますが、それは過去においては半分ぐらい本当だったんです。

今のフリーメイソンはただの老人クラブですが、昔のフリーメイソンは社会に対する問題意識を持つ、力のある人たちの有機的ネットワークであり、現実に国家を動かしていました。

目的のために、つながる

いま僕がすごく面白いなと思っているのは「シビル・アクション・ジャパン」という団体の活動でして、クラウドファンディングでお金を集めて新聞に1ページにわたる意見広告を打ったんですね。

中心人物はツイッターで有名な、反原発運動とかをやってる超痛いおっさんなんですけど、その人が某芸能人に対する世間のバッシングに怒りだしたんですよ。

もともとは、その芸能人の母親が生活保護を不正受給していたことが発覚したわけですが、それが某芸能人への大バッシングにつながり、そのバッシングに自民党の片山さつき議員も加わってですね、ついに厚生労働大臣が「生活保護水準を切り下げの方向で検討する」と声明を出したんです。

それに対してそのおっさんは、「ごまかしたひどい人が一人いたからって、生活保護をぜんぶ変えるのはどう考えてもおかしいだろ」とキレたんです。

どうしても生活保護を見直すというなら、きちんと調査に基づくデータをそろえて、必要な政策を十分論議して、そのうえで「どうしてもお金が足りないので、こういう形で見直します」と決定するのが筋だろうと。

それがスキャンダルとかセンセーショナルな空気によって、国家の一大事が決まろうとしてるのはおかしい、と主張したんですね。

で、彼は「賛同してくれるみんなで少しずつお金を出し合って、意見広告を出しましょう」という呼びかけをツイッターで行いました。そうしたら1カ月ぐらいで600万円ものお金が集まっちゃったんです。

僕がその運動を見ていて面白いなと思ったのは、そのおっさんは前々から痛いやつなので、敵がすごく多いわけですよ。何か政治に関することを書き込むとすぐに炎上して、「またあのバカがなんか言ってるぞ」みたいな反応が巻きおこってたんです。

ところがシビル・アクション・ジャパンがすごかったのは、「僕はあのおっさんは大嫌いだし、彼のふだんの政治的意見にはまったく賛成できませんが、今回の件については応援します」という人がたくさん出てきたことです。

このおっさん自体はどうでもいいんですが、たぶん僕が推奨(すいしょう)する「ゆるやかなつながりの秘密結社」にも、そういう「意見は違うけれど、ある目的のための行動には協力する」という考え方が必要なんです。

みんなの立場はそれぞれ違うから、全員を一つの意見に統一するのはむずかしい。でも、ある一つの重要事項に関しては、みんなが組むことで世の中を変えていく——そういったマインドと仕組みが必要不可欠なんですね。

そしてそのときに大切になってくるのが、さっき長々と話した「交渉」の考え方です。

「とりあえず自分の給料を上げてもらう」とか、「とりあえず良い転職ができる」とか、「とりあえず今日の夕ご飯を夫につくってもらう」みたいな、そういった価値もあるかもしれませんが、本質的に交渉というものにはもっともっと大きな可能性があってですね、世の中全体を変えるぐらいのすごい力を持っているんですよ。

交渉思考をうまく使うことで、自分らと意見も思想も違う人たち、敵対する人たちすら仲間にしながら、社会を正しい方向に進めるためのアクションを起こしていくことができるようになるんですね。

★自分の仮説を、試せ！

★見込みのある人を、支援せよ！

★仲間を、探せ！

★目的のために、つながれ！

人生は「3勝97敗」の

第六檄

海をゆけ

よき航

はい。この講義も、そろそろ終わりに近づいてまいりました。

1時間半くらい経ちましたかね。

最後のスライドに行く前に、ちょっとここで質疑の時間を取りたいと思います。僕が一気にしゃべったんで、みなさん、ボワーンみたいな感じになっているると思いますが（笑）、もうちょっと普通の話をしたいっていうこともあるでしょうから、質問をいただければ、いくつかお答えいたします。

手を挙げていただければ、係の人がすごいスピードで走ってマイクを渡しに行きますので。今日の話に関係ないことでも、なんでもどうぞ。

質問は「ヘボくていい」

今日は講義中わりと早く手が挙がりましたけど、だいたい僕の授業とか講演って、最初のうちはぜんぜん質問が出ないんですよ。

それで質問を促すために、必ず行うクイズがありまして。

「横軸に偏差値のような『賢さ度合い』をとって、縦軸に『質問の数』をとるグラフがあるとしたら、それはどういう線を描くでしょう?」っていうクイズなんですけど。

上に山がある放物線の二次関数だとか、逆に下向きだとか、対数関数、指数関数とか、比例・反比例とか、いろんな形が考えられるじゃないですか。

どうなると思います?

はい、じゃあみなさん、手を挙げてみましょう。正比例だと思う人。

反比例だと思う人――。

他はどうですか。指数関数だと思う方――。あるいは上に凸の二次関数だと思う方、下に凸の二次関数だと思う方――。

うーん、どれでもないですか?

手を挙げない人は、フラクタル変化とか何かでしょうか？（会場笑）
どうです、そこの紫の方。

生徒10「ええと、山が二つだと思います」

山が二つ？　こういう感じで、正規分布みたいな形？

なるほどなるほど。

答えを言うと、基本的には正比例のグラフです。話が十分に理解できていない人は、質問もしようがないので、手が挙がりません。で、賢さが上がっていくごとに理解度も上がるので、だんだん質問の数は増えていきます。

なので、基本的に右肩上がりの正比例なんです。

ところが、賢さがあるラインを超えると、突然質問の数が減り始めます。

そこからは右肩下がりの正比例になるんですね。

なぜか？

ある程度レベルが高い大学とかに行くと、「ここで変な質問をしたらバカだと思われてしまうんじゃないか」とか、「どうせ質問するんだったらかっこいい質問をしてみんなをギャフンと言わせよう」とか、そういう牽制がお互いに始まるからです。

こういう場で質問するのって、ある種の自己顕示欲の開示みたいな空気があるじゃないですか。だから、質問者が大学名を言う大学と、言わない大学がありますよね。なぜか某W大学の人だけは、必ず大学名を名乗るんです（会場笑）。理由はよくわかりませんけど（笑）。

なのでこの会場も、たぶんみなさん、手を挙げにくいんです。でもじつは手を挙げても大丈夫なんですね。理由は二つあります。

理由その一、まずここで手を挙げて、ヘボい質問をしたとしますよね。「それ、さっき言ったじゃん」みたいな。「おまえ、理解度低いな」みたいな感じでみんな顔をしかめます。

でも多くの場合、そういう質問の内容って、他の人も本当のところはわかってなかったことが多いんですよ。なので、「さっき言ったじゃん」みたいな顔をしていても、心の中では「じつは俺もよくわかってなかった。グッジョブ！」と思ってます（会場笑）。

だから質問してもぜんぜん大丈夫なんですよ。それが理由その一。


理由その二は、僕、この手の討論系の授業をすごくたくさんやっているので、得意なんですね。なので、テクニックがあります。

どんなにヘボい質問が出ても、何事もなかったようにその質問を善意に解釈して、「グッド・クエスチョンですね」みたいな感じにして答える。そうするとまわりの人たちは、「あ、この質問、一見ショボいと思ったけど、じつは鋭(するど)かったんだ」みたいな感じになって（会場笑）、「そういう視点はぜんぜん持ってなかった」みたいな感じになって、何事もなかったように物事が過ぎていって、質問した人も「いや、そういう意味じゃなかったんだけど、ま、いっか」みたいな感じですべて円満に収まりますので、じつは質問するリスクはゼロなんです（会場爆笑）。

……という話をすると、さすがに手が挙がってくると思うんですけど、どなたか質問があればお挙げいただければ。

（会場、20人くらいがいっせいに挙手）

「たまたま失敗した人」を助けよう

はい。じゃあ、そこのいちばん右の女性の方にしましょうか。

本当は女性かどうか見かけで判断するのはあてにならないんですけど、たぶん女性だろうということで。

生徒11「瀧本さんのツイッターを見てると、けっこう深夜でもずっと張りついているようなイメージがありますが、瀧本さんがツイッターを使う理由を、ちょっとお聞きしたいんですけど」

グッド・クエスチョンですね（笑）。

簡単な理由で、すごくニッチな賢い人たちとやりとりするのに、いちばんいいツールだからです。賢い人と、賢い話をするのに、ツイッターは向いてるんですね。

僕のフォロワーには霞が関の人とか、大学の先生とかがすごく多くて、それも極度に法学クラスターに寄っています。そういう人たちと僕は関わりたいんですよ。サイエンス系の人ともたくさんつながっています。

フェイスブックとかで、前からお友だちだった人とお友だち関係を確認するのって、単なる時間の無駄じゃないですか。なのでやらないんですね。

ただツイッターも、わけのわからない人が絡んでくると超面倒くさいので、

「瀧本哲史bot」というアカウント名にしています。そうすると、よくわかっていない人は「なんだ、ボットかー」ってスルーしてくれますので（笑）。

生徒11「ありがとうございます。ぜんぜんボットには見えませんけど……」（会場笑）

じゃあ、次、そこのシマシマの人にいってみましょう。

生徒12「300人いる中から何人か、将来すばらしい方が出てきてもらえればって言ってたんですけど、逆に、もしかしたらこの300人の中で10年後、路頭に迷って新宿駅で夜寝てたり、生活保護を受けたり、そこまでいかなくても起業で失敗したり、就職が決まらない人もいると思うんです。そういう、市場でボコボコにされた人に対して、瀧本さんはどういうアドバイスを与えますか？」

基本的に僕は、生活保護とかベーシックインカムとか、その手の施策を強化するのはいいことだと思っていますが、今の質問は、みんな誰もが成功するかもしれないけど、同時に誰もが失敗するかもしれない、っていうことじゃないですか。

なので、この中からもし成功する人が出てきたら、「自分はたまたま成功したにすぎない」と思って、隣の席にいる、同じように才能があった、たまたま失敗したにすぎない人を助けてあげてください、っていうのが僕の答えですね。

そういう世界観で、僕は生きてますんで。はい。

お答えになっていますでしょうか？

生徒12「あ、はい。ありがとうございます」

僕が「弱者」を支援する理由

では次。お、手が挙がり始めましたねえ。

はい。2列目の、そこの赤い男性の方。

僕はたぶん微妙に両目の視力の差とか、あと姿勢の癖とかで、こちら側（壇上から向かって右側）のほうを指しやすいというのがどうもあるらしくて……。だから最近、僕の授業で指されたい人は、そのへんの席を陣取って座っていたりするんですね（笑）。あと、格好が目立つ人も指しやすいので、派手な帽子をかぶるとか変な色の服を着るとか、そういうテクニックが、現在、京大の学生の間では開発されてきています（会場笑）。

はい、じゃあ、改めてあなたです。

生徒13「3勝97敗という話もあったと思うんですけど、一方で瀧本先生の投資先は、9勝1敗とか、本当だったらあり得ない確率になっているんじゃないかと思います。それは、チームを選抜しているからそういう高い勝率を実現できているのか。それとも、ビジネスの成功要因を分析して、それに必要なチームを組んだから実現できているのか。それとも、もっと他の成功要因があるのかっていうところを、知りたいんですけど」

なるほど、なるほど。良い質問ですね。

究極的には、僕が投資するときは「事業がまったくうまくいかなくても、誰かがその会社を買収したくなる会社にしか投資しない」という方針をとっています。

なので僕はこれまでに、赤字続きでこのまま行けば3カ月後に潰れることが確定！　みたいな会社を2回売却に成功しています。それは、事業自体がうまくいってなくても、その会社を欲しがる会社がやっぱりあったからです。

そういう観点で、投資を「失敗しない」ようにしているんですね。

で、そういう会社は何かというと、テーマとメンバーですよ。

まず、やっていることが非常にユニークで、どこかのパクリではないこと。

加えて、それを実現できるようなチームだけでやっていることが重要で、そうであれば、たとえ今はうまくいってなくても、それはタイミングが悪いだけであって、もうちょっと待てばうまくいくと、買い手が思ってくれるんですね。

ざっくりですが、お答えになっていますでしょうか？

生徒13「はい、よくわかりました。ありがとうございます」

では、そこの緑の方。

生徒14「ご指名ありがとうございます。今日は何か瀧本さんに武器をもらえるかなと気楽に来たんですけど、結局『自分で考えろ』というお話で、どうしようかなと……。そこで、絶対に人生において読んでおいたほうがいい本って、３冊挙げていただきたいんですけど」

そんな本、ないと思います。

生徒14「あ、なるほど……。なぜですか？」

それは、人によって読むべき本が違うと思うからです。

この前もそれに近いことを聞かれて、「そういうバイブルみたいな本、大っ嫌いなんですよ」って答えて、場が凍（こお）ったんですけど（会場笑）。

生徒14「はい……」

はい、じゃあ帽子にメガネの男性の方。

生徒15「うかがいたいのは、瀧本さんがなぜ日本を良くしたいのか、世の中を良くしたいと考えられるのか、です。一つにはさきほどおっしゃっていたように、日本が今ある意味『底値（そこね）』になりつつあって、投資家的に『買い』の判断をされているのかもしれませんが、ドライな理由でも、ウェットな理由でも、お聞かせいただければ幸いです」

僕はですね、来世がある宗教を信じていないんですよ。科学的に来世があることは証明されていないので、「来世がない」ことを前提に動いたほうがいいと思っているんですね。

そう考えると、「自分の時間」という資源はけっこう有限なので、なるべくその資源を活用するようにしたいわけですよ。

自分自身を幸せにすることに関しては、じつは達成度150％、やったーみたいな感じですので、あまり関心がありません（笑）。なので、もうちょっと自分のリソースを最大限活用するのにどこがいいかな？　なるべくインパクトがあって、すごく困っているところが大逆転していちばん良くなるとか、とってもいいじゃないですか。

でなかったら、借り入れが1900億円もある日本交通の再建なんかしませんよ。全然ダメそうで、困っている人がいて、誰もやらないからやるわけです。みんなが「え～、なんで瀧本さん、そんなのやるの!?」みたいな案件をわざわざやって、少数意見を多数意見に変えるっていうのが、昔からけっこう好きなんですね。

学者とかもそうじゃないですか。みんなからバカにされていた学説が、いつの間にか多数意見になって、提唱していた学者が「ほら、俺の言ったとおりじゃん」みたいな話、僕、大好きなんです。

そういう意味で今、「日本はダメダメだ！」とか「さあ世界に飛び出そう」みたいな本が売れてますけど、そういうのを見ると僕は「え～」って思う。

そういうことです。

若き「革命家」たちを支援せよ

次の方。じゃあ、そこのピンクの方。
たぶん時間的にあと数人になると思うんですけど、こういうとき服の色が違うと、やっぱり有利ですよね。

生徒16「ありがとうございます。わたし、アラサーで、こんど30歳になるんですけど、今日は10代、20代というのがメインですよね。なのでもし瀧本さんが、30歳になる人、30代以上の人間に向けて何か思うところがあれば、ぜひお聞きしたいです」

なるほど。基本的には10代、20代に向けてのアドバイスと同じですね。ただ、ちょっとスタートが遅いので大変だから、けっこう頑張ってくださいって感じです。

一般的にいえば、30ぐらいになったら自分の人生のチップをどのへんに置けばいいかって、見えているはずですよね？　もし見えてないとしたらヤバいですよ、ってことですかね。それを先に決めることをおすすめします。40ぐらいになっても人生の無限の可能性とかを追求してたりしたら、かなり痛いやつじゃないですか（笑）。

逆に、置くべきチップが見えてる人は、「大人」として、自分より若い人たちをバックアップしてあげてください。

政治にしろビジネスにしろ、革命の裏には大人の支援者がいて、見込みのある若者たちを助けてあげてるんですね。そういった、あるべきエスタブリッシュメント層の人間を目指してみては、いかがでしょうか。

生徒16「頑張ります！」

今日はあまり「革命」という言葉は使いませんでしたけど、ほんとはもっともっと、みなさんの中に革命志向の人間が増えたほうがいいんですよ。講義の最初にお伝えしたように、このホールは「流通革命」を起こした人間の支援によって生まれたわけですし、あっちのホールは「教育革命」です。ここは、革命にゆかりのある場所なんですね。

僕は、世の中を変える活動を裏で支援する、若きゲリラたちの軍事顧問であり続けたいと思ってますけど、そもそものゲリラが存在していないと、支援も何もできないですから。

君に、戦う理由はあるか？

次。はい、どうぞ。

生徒17「僕は今、友人と2人で起業しようとしていて、準備を進めているんですけど、人手を増やしていくとき、起業のアイデアをプレゼンしていくわけじゃないですか。でも、あんまり深いところまでしゃべっちゃうと、パクられる可能性があるのかなと。パクられるのを防ぐために説明をセーブすると、今度はインパクトのあるプレゼンができなくて、なかなか人手を集められないんです。うまくアイデアをパクられずに、インパクトあるプレゼンを行うには、どうしたらいいかなと」

なるほど、なるほど。

とても、グッド・クエスチョンですねー（笑）。

じゃあ、僕の起業論の授業で毎年起きている現象をお話ししましょう。

最初は600人ぐらいいる大教室での授業なんですが、僕に指されて発言した人にしか単位をあげないというシステムで、全15回の授業で毎回40人指すことは不可能ですから、全員が単位を取れるってことは絶対にないんですよ。

なので、いろんな方法を使って容赦なく落としていくわけですけど、最初の関門は、「みなさん、なんでもいいからビジネスのアイデアを3つ出してください。期限は1週間後です」といった課題なんですね。

でも、そうすると必ず、「僕のこのすごいアイデアは高校時代からずっと温めていたもので、先生、パクらないでください！　あと、僕のこのスゴすぎるアイデアは真似されてしまうので、絶対に授業では使わないでください！　お願いします!!」ってレポートに書いてあったりするんです。

でも残念ながら、そういうアイデアってほとんどの場合、とっくの昔に他の人も考えてるんですね。「また来たか」みたいな。「それ、去年もあったし、一昨年もあったし、今年も4つあるよ」みたいな（会場笑）。

どんなアイデアもだいたい地球のどこかで同じようなことを考えている人が、1000人はいます。なので、むしろアイデアは保護されないし、守られることはないし、完全にステルスにすることはむずかしいと思ってください。

アイデアなんてものに価値はなくてですね、それをやるメンバーの実行力とかのほうが、はるかに重要なんです。

今、学生の間でけっこう使ってる人が増えてる「すごい時間割」ってサービスがあるじゃないですか。

じつはそれを開発した方が、350番目に申し込んで今日この会場にいるらしいんですけど。いる？　あ、いたいたいた。そうなんですよ。彼のことを僕は大昔から知っていて、けっこうデキるやつだと思っていて。「すごい時間割」のアイデア自体は、もうずいぶん昔から、他にもたくさんあったんですね。だけど、いろんな学生向け時間割サービスのなかで、「すごい時間割」だけが、いま、ブレークしそうな感じがちょっとしています。それは、彼がスゴいからなんです。

本当かどうかわからないですよ。メディアに取り上げられてるだけで、彼の後ろにいる大人たちが支援して盛り上げているだけかもしれないですけど。ちなみに僕は支援していないので、これはステマではございません（会場笑）。

結局、アイデアよりも、それをちゃんと実装(じっそう)する能力とか、実現するスピードで差がつくんですよ。しゃべったらすぐパクられるとかって、じつはあんまり気にする必要はないんですよね。

僕の投資先に「オトバンク」っていう、オーディオブックの会社がありますけど、本を音声化するアイデア自体はどこにでもあって、だいたい10社ぐらい、オーディオブックを手がける会社がありました。

そのなかには、伊藤忠(いとうちゅう)とか、トランス・コスモスとか、アメリカの大手「Audible」とか、あと他にもコンサルティング会社でブイブイ言わせてた人が「俺がオーディオブックを日本に根づかせてやる」とか言ってベンチャーを立ち上げたりしてたんですけど、結局、学生ベンチャーのオトバンクが勝っちゃったわけですよ。

しかも、創業者の上田渉(うえだわたる)という人は経歴がけっこうショボくて、二浪して東大に入って、しかも二留してて、就職先どうしようみたいな人なんですね。

オトバンクの前には、NPOを立ち上げて1回失敗させてて、ベンチャーも1社失敗させてて、どう考えてもダメそうなやつじゃないですか。だけど彼は、失敗したときの経験に学んでいたというのもあったし、オーディオブックをやる、強い動機があったんです。

彼のおじいさんが緑内障で本が読めなくなって、とてもかわいそうだと思っていたのに加えて、自分も勉強するときに本を読み上げて、録音して聴き返すことでようやく成績が上がったという成功体験がありまして。そんなんだから、「この僕がオーディオブックをやらなくて、誰がやるんだ!」みたいな、とてつもない信念を持っていたんですね。

そういう人だから、彼の元にはたくさんの仲間が集まって成功できたわけですよ。アイデア自体はコモディティで競合が超たくさんいても、創業者にどうしてもやるべき理由があったから、同じアイデアを話しても、競合ではなく彼のところに優秀な人々も集ってきたんです。

だから、ベンチャーが成功するかどうかは、「この人は成功する」「いや、この人を成功させなければいけないんだ！」みたいな熱が、他のメンバーに生まれるかどうかでもあるんです。

質問に戻ると、アイデアがどうかなんてことより、「あなただからその事業をやる意味がある」ということが、やはりきわめて重要です。

自分はこういう人間だから、この事業を通じて世界をこう変えたいんだ、というプレゼンテーションができれば、応援したいと思う人はどんどん出てくると思いますよ。人手なんて、どうにでもなります。

そうやって人を誘うときって、すごくでかい絵、ビッグピクチャーを描いたほうがよくて、マイクロソフトのビル・ゲイツが、のちに2代目のCEOになるスティーブ・バルマーを口説いたとき、20代のゲイツはこう言って誘ったんですね。

「イメージしてみてくれ。今、コンピュータはオフィスに1つしかないけど、そのうち世界の全員が持つようになる。そのとき我々のソフトがすべてのコンピュータに入ったとしたら、どれぐらいのビジネスになると思っているんだ？　わけのわからないもの売ってる場合じゃないぞ！」って。

そんな話を聞かされたら、ふつうの人は「こいつはちょっと頭がおかしい」って思うじゃないですか。でもバルマーは、「もしかしたら、ほんとうにできるかも」と思ってマイクロソフトに入って、ゲイツのあとの社長になったんです。

つまり、そういうことなんだと思います。


そういう意味では、残念ながら、さっき宗教とかマルチを批判しましたけど、成功するベンチャーの創業者って、ちょっと教祖チックなところがあるんですよね。

「アイデアを話したらパクられてしまう」って心配してしまうのは、たぶん、あなたがその事業をやる理由がまだ圧倒的に弱いんです。アイデアを聞いた人に「パクってもこの人には絶対に勝てないな」と思わせられれば、しゃべったっていいじゃないですか。

「俺はこれに人生をかけてるんだ。おまえがチョロッとやっても、俺は叩き潰す」みたいな気迫があれば、人もついてくるし、競合も怯（ひる）みますよね。

だいたいね、アイデアがいくら良かったとしても、ビジネスが立ち上がるまでには3年ぐらいかかるのがふつうです。そこに行きつくまでに低迷して力尽きるベンチャーがほとんどですよ。

オーディオブックも最初のうちは、CDを駅のキヨスクで売ろうとしたりしてました。どう考えてもダメそうじゃないですか（笑）。

でもあれこれやってるうちに、MP3プレイヤーが出てきたりして、なんとか軌道（きどう）に乗ったんです。そこまでかなり時間はかかりましたし、苦労もありましたが、強い動機に突き動かされて、その間ずっと続けたわけですよ。

走り続けていたから、良いタイミングが来たとき、波に乗れたんです。いい波に乗るためには、波が来るのを見てから走り出しても遅いんですね。波が来てなくてもずっと海辺に立っていなきゃいけなくて、その間ずっと、他の人から見たら「頭がおかしい人」である必要があるということです。
あなた、そうなれますか？

あと、僕の投資先でいちばんうまくいっている会社は、リサイクルワンって会社（現・株式会社レノバ）でして、この会社、今では数十億円の売上に成長してますけど、ボードメンバーは僕がマッキンゼーで働いてたときのすぐ下の期の人間と、ＭＩＴ（マサチューセッツ工科大学）を「全優」の成績で卒業した人です。

リサイクルとか環境ベンチャーって言うと聞こえはいいですけど、創業当時は「リサイクル＝産廃」「産廃＝やくざ」というイメージだったんですね。だからどこもリサイクル事業なんかには手を出さなかったんですよ。

僕も投資を決めたとき、「瀧本さん、そんな危ない会社に投資して大丈夫？」「拉致られるよ」とか、さんざん脅されました。

事業を始めるメンバーは既存のリサイクル業者なんかとぜんぜん違うし、

新しい方式のプラントをつくるのに近いビジネスだからけっこうインテリな話なんだ、みたいに説明したんですけど、「いや、やっぱり産廃は怖いから」みたいな反応で、ぜんぜん嚙み合いませんでしたね。

でもそういう、他の人が避ける業界だからこそ、ベンチャーで打って出て成功できたんですよ。

なので、誰かにしゃべったらすぐパクられて、一夜にして抜かれるみたいなコモディティのアイデアなのだとしたら、やっぱりやめたほうが賢明かもしれません。

しゃべったところでパクるどころか誰も関心を示さず、むしろ「あそこのマーケットは絶対ダメだ！」とみんなが避けるようなビジネスのほうが、可能性があるんです。そういうテーマかどうかってことです。

どうです？　以上でお答えになっていますでしょうか。

生徒17「あ、ありがとうございます。ちょっと考えてみます」

はい。……あ、ヤバいな、あと5分しかない。どうしよう（笑）。

「盗めないもの」は、なんだ？

さ、ちょっと飛ばしていきましょう。次、最前列の方。

生徒18「大変ためになるお話、ありがとうございました。私、都（みやこ）の西北ではないものの、大学で5回ほど浪人やら留年しておりまして、もうダメなんじゃないかと思っていたんですが。さきほど、かなりキツめなご回答がありましたが、私は『盗まれたら困るようなものを武器にしていてはどうしようもない』ということなのかなと解釈したんですが、逆に『盗まれないもの』というのは、どういうものがあるんでしょうか？」

それはね、その人の人生ですよ。

「オーディオブック事業を始めます。それは、僕のおじいさんが緑内障だったからです」って、誰にも盗めないじゃないですか。自分のおじいさん、ピンピンしてるかもしれないですし（笑）。

だから、その人が過去に生きてきた人生とか、挫折とか、成功とか、そういうものは盗めないんですよね。

たとえば僕も、アカデミック・バックグラウンドの経歴があって、それなりに法学とかに詳しくて、一方でリスクが高そうなベンチャービジネスにも投資しているという、わけのわからないキャリアを経ているから、京都大学の今のセクションからお声がかかったんです。

今、日本中の大学でポスドクがとてつもなく余っていて、みんな就職先がないのに、任期つきとはいえフルタイムで准教授で入れた、しかも学士しか持っていないって、ふつうはあり得ないですよね？　何か陰謀でも働いたのかって思いますよね？（笑）

でもじつはそうじゃなくて、僕みたいな経歴の人間が他に誰もいなかったってことなんですよ。

なので、「その人にしかないユニークさ」というのが、いちばん盗めないと思います。

あとは、ビジネスでいえば、「内部で何をやっているのかよくわからないもの」というのも、盗みにくいですよね。オーディオブック事業でも、データをダウンロードするサイトの見せ方とかは、真似しようと思えば誰にでもすぐできるじゃないですか。

今では版権（はんけん）をたくさん持ってるのが強みですが、最初の頃は、うちも競合もあんまり版権を持っていないから、そこではほとんど差がつかなかったんです。

じゃあ、どこでいちばん差がついたのかというと、じつは音声を録音して編集するという、「生産プロセス」なんですよ。

そういう生産工程は、けっこう面倒くさい作業がたくさんありまして、「よ

～し、俺もネットベンチャーで一発当てたるぞー」みたいな人は、そういう面倒くさいことをしたがらないんですね。

ところが、オトバンクの社長は大学時代に藤本隆宏先生という、「ものづくりの哲人」と呼ばれ、生産プロセスの改善を研究する教授の研究室にいたので、既存のオーディオブックの業界を調べたら、「こんなに非効率な方法でやってるのか！　だったら絶対コストを下げられる！」とわかったんですね。

あと、彼の昔からの友だちが、アニメ制作会社で声優のブッキングをやっていて、その人が声優業界にものすごく詳しかったんですよ。

だからオトバンクはオーディオに吹き込む声優も、競合に比べてずっとシステマチックに手配できたんです。

つまり、大学で学んだこととか、昔からの友だち関係とか、その人が人生の中でもともと持っている「バックグラウンド」が、やはりいちばんの差別化要因になるんです。

リサイクルワンでいうと、創業者である社長が、もともと中学生の頃から環境問題に関心があって、しかも政府の力じゃなくてビジネスで変えたいと思っていた人なんですね。

そういう思いは強いんだけど、ちょっとコンサルティング会社向きではないというか、少し緻密(ちみつ)さに欠ける人だったんですよ。その人だけだったら会社をつくっても理想をぶち上げるだけで終わってしまっていた可能性があります。

ところが彼は、マッキンゼーに入社したことによって、MITで全優の超優秀で緻密な作業が得意、だけどちょっと人見知り、という人と知り合って、その人と組めたわけです。

じつは2人が組むのに僕がちょっとだけお手伝いをしていまして、あるときMIT全優の人から、「転職を考えていて、ベンチャーキャピタルに行こうかと思ってるんですけど、瀧本さんはどう思いますか?」って聞かれたんです。

そこで僕が「ベンチャーキャピタルってぶっちゃけたくさんありすぎて余ってるし、有望な投資先もぜんぜんない。冷静に考えたら、自分で投資先をつくったほうがよくないですか？」という話をしたら、「たしかにそうですね……」となって、「じつは○○さんから誘われてるんですよ」って言うから、「それ、すごくいい！　僕も彼のことはよく知ってるし、やればいいんじゃないですか！」って、背中を押したんです。心の中では「俺、グッジョブ！」と思ってましたが（笑）。

そういう特殊なバックグラウンドを持つ人間同士が組み合い、補完し合うことで良いチームをつくっていければ、そういった「チームアプローチ」は、さらに誰にも盗めない差別化の大きな要因になりますよね。

質問した方が、留年とかしていた5年の間にどんなことをしていたかわからないですけど、「麻雀（マージャン）だけしてました」とかだったら、もう麻雀で勝負するしかないですよ（会場笑）。

超有名な話ですけど、マクドナルドの店を最初につくった人は、その名の通りマクドナルドさんという兄弟なんですけど、マクドナルドのビジネスを今のようにでっかくした人は、マクドナルドに業務用のミキサーを売りに行ったレイ・クロックという営業マンなんです。その両者の組み合わせで、世界一のハンバーガー・チェーンは生まれました。

レイ・クロックは、ミキサーの販売を通じて全米中の飲食店の厨房（ちゅうぼう）をつぶさに見ていたから、どういう調理システムだったら高い収益を生み出せるか、よく知ってたんです。

それで、田舎の小さな店だったマクドナルドの厨房で、ものすごく効率よくドリンクとハンバーガーを提供しているのを見て、「このシステムと自分の知識を組み合わせれば、全米のハンバーガーショップを席巻（せっけん）できる」と思って、マクドナルドのフランチャイズ権を買い取ったんですよ。

そういう「自分しか知らない知識」っていうのも、バックグラウンドの一部ですし、組み合わせていくことで大きな価値を生むんです。

だからですね、本に書いてあることって誰でも１０００円ちょっと出せば買えますから、じつはあんまり価値がないんですよ（苦笑）。
本に絶対にならないようなニッチな情報のほうが価値があるし、自分しかしていない経験とかのほうがはるかに価値があるんです。
そういう視点で、自分には何があるか、自分のまわりには誰がいるか、見渡してみてはいかがでしょうか。

リーダーシップが発揮できる場所を探せ

時間、ちょっと完全にオーバーしてますね（笑）。じゃあ、どうしようかな。まだ質問がある方？

（大勢が挙手）

どうしても聞きたい人がまだたくさんいる。そして、みんなの違いがもうよくわからない……（笑）。

なので最後、じゃんけんにしましょうか（会場笑）。

じゃんけんに勝ってでも質問したい方は、立ち上がってください。

お、みんな立ちましたね。じゃあ、行きますよ、僕の掛け声でいっせいに僕と勝負します。僕に勝った方だけ残ってください。

せえの、じゃんけん、ぽい。グーの方、勝ちました。じゃあ、もう一回行きましょう。じゃんけん、ぽい。パーの方が残りです。じゃんけん、ぽい。グーの方、残りです。

じゃあ最後は、直接対決で——。

はい、男性の方が勝ちましたね。

生徒19「すみません、じゃんけんで勝って、最後にものすごく変な質問をしてしまうと思うんですが……」

大丈夫です。世の中には変な質問なんて存在しません。

生徒19「ありがとうございます。じゃあ今、この会場にいる人たちに、僕から一つ質問をさせていただきたいんですけど、その許可をいただきたく」

どうぞどうぞ。

生徒19「今、この会場にいらっしゃる方で、医学部や医療系の学生の方はどれぐらいいらっしゃいますか？　挙手をお願いします。……6名ですかね。はい、わかりました。これから日本の社会の構造的変化を考えたときに、医療業界ってものすごく苦しくなる業界だと思うんですが、僕もそのうちの1人の学生なんですけれども、その業界から何人の学生が危機感を持って今日この場、瀧本先生がタネを蒔かれた場所に来たのかなと思って、それで質問させていただきました。ありがとうございます」

はい。

とてもクリエイティブな時間の使い方でしたね。

この手の質問会を何百回やったなかで完全にニューパターンで、非常に面白かったです。ありがとうございます。

じゃあ、あと一問だけいきますか。

じゃんけんで最後まで勝ち残ったもうひとりの方、どうぞ。

生徒20「自分のやりたいことや、こうなりたいという希望が一方にあって、でも、実際世の中が自分に与えるポジションがそれと一致していない、しかも世の中が自分に与えたポジションでは自分の能力が発揮できないという、そういう二重の不一致がある場合、その人はどのようにしたらよろしいでしょうか?」

それは、諦めるのがいちばんいいと思います(会場笑)。

しかし、どうしても諦められない場合は、自分の能力を発揮できるポジションを自分で探すしかないでしょうね。

でも、いきなり最適なポジションを見つけて引っ越すのは無理なので、所属する場所の時間をうまく使って、少しずつそういう場を探す機会を増やしていけばいいんじゃないでしょうか。

そのとき「空いた時間を使ってビジネスが始められて、副収入が得られます!」とかいう誘いをかけてくる謎の団体があって「副業キット25万円」とかを買ってしまう人もいますが、そっちの道は不幸な道ですので、やめといたほうがいいです(笑)。

そうですね。NPOとかやってみるのも、いいかもしれません。

NPO活動って、就職できなかったりするかわいそうな若者を吸収する場、みたいに思われてますけど、成功しているNPOはぜんぜん違うんですね。

僕が関わっている「ディベート甲子園」とかも、幹部の人は全員本業がむちゃくちゃ忙しくて、そういう人が「そんなことやってて大丈夫?」とまわりに言われながらも、やるべきことのためにギリギリ時間を割いてやっているから、成果が出ているんですよ。

カネがなくても人を集めたりしなきゃいけないので、意外にそういう場こそ、本当にその人に力があるのかどうかを試されるんですね。じつは必要とされるリーダーシップの水準が異様に高いんです。

だから暇な人に頼んでも、まったく仕事が進まなかったりします（笑）。

一方でふつうのNPOは、けっこう簡単にリーダーになれたりしますので、社会活動でも政治活動でもなんでもいいですけど、そこで自分がどれだけ通用するか、試しに活動してみるとよろしいのではないでしょうか。

注意してほしいのは、「1年で大逆転！」「すぐ人生変わった！」みたいなことはツイッター上では誰かに起きているように見えても、現実社会では起こりませんので、腰を据えて焦らずに取り組むことかな、と。

パートタイムだったら、たとえば5年くらいかけてその活動を大きく変えていけばいいと思いますね。

はい。お答えになったかわかりませんが、僕はそう思ってます。

生徒20「ありがとうございます」

僕は日本の未来に期待したい

で、いよいよ僕の最後のスライドなんですけど、「Do Your Homework」とありますが、しつこく言っているように僕はみなさんに「こうやればうまくいく」とか、そういうバイブル的なことを言う気はまったくないんですよ。

ただ、みなさん自身が今いる場所で、ちょっとだけでも変えられることがあるんじゃないかと。自分が興味あることをトライアンドエラーでやってみたり、自分が正しいと思うことを選択してみたり。

それをネットワークで広げていけば、少し長い時間はかかるかもしれませんけど、たぶん社会は変えていけるんじゃないかと思うんですね。

「それは机上の空論だ」って言う大人もいるかもしれませんけど、僕自身いくつか会社の経営に携わるなかで、今日お話ししたようなことをやってみて、何度も成果が出てきています。

だからきっと、みなさんもできるんですよ！

さっきのお金を集めた超痛いおやじでみんなから嫌われる人でも、やることの方向性が正しければ、成功したベンチャー社長が１００万円集めるのも大変なこの時代に、あっという間に６００万円ものお金を集められるわけです。

だからたぶん、今日こんなところまで来ているような意識の高い方々なら、もっといろんなことができて、きっと世の中を変えることができるんじゃないかなと思っています。

それが僕の問題意識なんですね。

ということで、さきほど僕は、日本から抜けるという可能性を検討したことがあるって話をしたと思うんですけど、たぶん2020年までには、この国の将来ってある程度見えてると思うんですね。

基本的にそんなに僕は日本に対して悲観していないんです。

アメリカもイギリスも落ちた帝国でしたが、今しっかり復活していますよね。だから日本も、たぶん容易に復活し得ると思っています。

ただしガバナンスはいろいろ問題があるので、そこは変わらないといけない。それを変えていくのが、みなさんです。

だから僕はとりあえず2020年までは日本にチップを張ってみますが、もしダメなら脱出ボタンを押して「みなさん、さようなら〜。これだけ頑張ったのにダメなら、もうしょうがないよね〜」と判断して、ニュージーランドの山奥かなんかに引っ越しているかもしれないです（会場爆笑）。

でも、そうせずに済むように、8年後の今日、2020年の6月30日の火曜日にまたここに再び集まって、みんなで「宿題（ホームワーク）」の答え合わせをしたいんですよ。

（会場どよめき）

……どうでしょうか？

みなさんは、すでに20代後半とか30代になってると思いますが、「あのときをきっかけに、この8年間、こんなテーマに取り組んでやってみた結果、ちょっとだけですが世の中を変えることができました」とか、「あの日たまたま隣にいた人とこういうことをやったら、こんなことができました」とか、「失敗続きですが、そのおかげで今はこういったことを考えてます」とか、何かそういう報告ができたら面白いじゃないですか。再決起ですよ（笑）。

こういう話を30代半ばとか40代の人に言っても「ボワーッ」みたいな感じだと思うので（会場笑）、これからまだいろんなことができる可能性があるみなさんだから、ほんとうにやりたいと思っています。

正直、やっぱり40代になると、だんだん人生見えてくるんですよ。「自分の人生は今の延長線上にしかない」っていうことがわかってくるんです。

すごく僕の記憶に残っている人の話をすると、僕は研究者になる前の学部生のときに1回、マッキンゼーに内定をもらってるんです。

その面接のとき、マネージャーで30代半ばぐらいだった面接官に、「マッキンゼーに入って何が変わりましたか？」って逆に聞いてみたんです。

そうしたら、その答えがすごく印象的で。

「役所に行った京大の同期に会うと、彼らの人生はほぼ決まっている」と。

「だいたいこの年次でこの職に就いて、このタイミングで局長になって、事務次官にはなれないやつは天下り、みたいなことがすべて決まっていて、40になったときには完全に先の人生が見えている」と。

そこで、その面接官は僕の目を見つめてこう言ったんです。

「でも僕の人生はまったく見えない。これからどうなるか、まったくわからない。そういう人生が歩みたかったから、マッキンゼーに移ったんだ」と。

面接受けたときはその人のこと、誰だかぜんぜんわからなかったんですけど、最近ようやく気づいたんです。その人、上山信一さんだったんですよ。

ご存じの方もいるかもしれませんが、今、大阪で橋下徹さんの維新の会の黒幕をやってる人です。黒幕って言いながら、けっこう表に出ていますけど（笑）。


上山さんに面接で会ったとき、「あなたは20年後、大阪市で市長のブレーンとして東京に向けて弓を引いていますよ」とか僕が言ったら、「意味不明。この学生は頭おかしい」ってなっちゃうと思いますが、実際に今、そうなっちゃってるわけですよね。

そのときの上山さんは30代半ばぐらいの年齢だったので、20代半ばぐらいのみなさんだったら、そんなにすさまじくデカいことはできないかもしれないけど、きっと何か自分のテーマを見つけて、世の中をちょっと変えることはできるんじゃないかと僕は思っております。

なので、2020年の6月30日までに、やはり何かやりましょう。僕もそれまでに何かやりますので、みんなで答え合わせをしましょう。「まず瀧本のケースです」とかってやったら、「意外にできてましたね」「新しい日本が始まりましたね」みたいな話になるかもしれませんし、逆にひょっとしたら2020年6月30日の日本は本当に悲惨なことになっていて、ここにいるみんなはすでに日本を諦めていて、誰も会場に来なくて、「僕も日本を脱出したんですけど、いちおう今日は約束したんで来ました」みたいな感じで、「やっぱりダメだったかー、残念!」みたいな感じになってしまうかもしれませんけど(会場笑)。

無茶をやれ

はい。それで何か自分が正しいと思うことを宿題としてやってみるときに、それが「まったく新しいこと」だったりすると、はじめのうちは誰も信じてくれないので、かなり無茶なことをやってみたほうがいいです。

たとえば、黒澤明っていう人はご存じですよね？

たぶん若い人はあまり知らないというか、僕もギリギリ知らないぐらいなんですけど、すごく有名な映画監督です。アジアでもっとも影響があった20人と言うと、必ずこの人が選ばれたりしています。

この人の代表作に「七人の侍」というサムライ映画がありますけど、これは時代劇のいちばん最初の映画なんですね。

この映画が出てくるまで、時代劇っていわゆる歌舞伎だったんですよ。歌舞伎を映画にするみたいなものしかなかったんです。

だから映画会社の人に「今度こういう映画をつくります。人が本当に怪我しそうなリアルな感じでやります」ってプレゼンしても、誰もピンときてくれなかったんです。

要するに歌舞伎のチャンバラとかって、そんな本気でやらないじゃないですか。今、時代劇、本気でやるじゃないですか。なので「本気でやるんです」「何千人ものキャストを使うんです」って言ったら、映画会社の人に「そんなことはあり得ないし、そんな映画はつくらせない」って言われたので、黒澤明には期待通りの予算がつかなかったんです。

で、彼はどうしたかというと、もらった予算を使ってクライマックスの前までつくったんですよ。

そして、そのフィルムを映画会社の重役たちに見せたんですが、初めて見るとてつもない迫力で、重役たちはすごく盛り上がるじゃないですか。で、プツッとやめて「はい、終わりです」みたいな。「あれ？　どうしちゃったの？」みたいな。「じつは予算が足りないので、ここまでしかつくりませんでした。ごめんなさい」みたいな（笑）。

そして、「追加のお金を出さないと全部ぽしゃりますけど、どうしますか？」って言って、脅したわけです。

つまり、こんな映画が当たるなんていうことは、映画会社の人はよく理解できなかったんですよね。だから、理解できないなら、もうとりあえずやってしまえ！　というふうにしたわけですよ。

ヤバいやつなんで、おすすめできる方法じゃないかもしれませんけど、若いみなさんは、一度くらい、これくらいの無茶をやってみてもいいかもしれません。

僕はけっして責任取りませんけど（笑）。

船員になるか、船長であるか

はい。では最後、挨拶なんですけど、みなさん、スクリーンに書いてある「ボン・ヴォヤージュ（bon voyage）」って言葉を聞いたことがあるかと思いますが、僕はこの挨拶がけっこう好きなんですね。

これはフランス語で「よき航海をゆけ」という意味で、見送りの際なんかに交(か)わされるんですけど、もともとは船長同士の挨拶になります。

自分の船を持っている船長っていうのは、リスクを自ら取っている人で、意思決定者なんです。航海において意思決定をする立場にない船員は、「ボン・ヴォヤージュ」って挨拶は、しないんですね。

で、航海中に船がすれ違って船長同士で挨拶をするときは、「あっ、あの船は、あちこちネズミに食われてるなー」とか、「そっちへ行くと嵐になるんじゃない?」とかって、お互いに思っていても、そういうことは絶対に言わないんですよ。

「俺たちはお互いに自分の判断でリスクを取っている」ということに対する敬意があるから、余計なことは言わずに、ただ「よき航海を」なんです。

そういう、自立した人間たちの挨拶だってことを覚えておいてほしくてですね、今日この場が何かのきっかけとなって変わる人もいるし、変わらない人もいるでしょう。それはわからないですけど、このなかから少しでも自分がやれることをやって、世の中を変えてくれる人がいたらいいかなと。

結局、2時間以上も話してきましたけど、「君はどうするの?」って話です。主人公は誰か他の人なんかじゃなくてあなた自身なんだよ、って話です。

でも変えるって、本気でやる気になれば、意外にできるんです。実際、僕はきわめて短期間にいろんなアイドルをつくることに成功していますので、みなさんもきっとできるんですよ(笑)。

若いみなさんは、べつに何をしようと思ってもいいし、べつに政治じゃなくてもビジネスじゃなくてもいいし、無茶じゃなくてもいいし、本当になんでもいいんですけど、何か自分で、これはちょっと自分ができそうだなっていうことを見つけるとか、あるいはできそうなやつにやらせてみるとか、そういうことを地道にやっていくという方法でしか、たぶん今の世の中を大きく変えるということはできないのかなというふうに僕は思っております。

はい、僕の話はこれで終わりです。

ぐすん、う～って感じなんですけど（会場笑）、今後、僕にコンタクトを取ろうと思えば、きっとちょっと知恵を絞っていただければ可能だと思いますので。たとえば僕が答えざるを得なくなるようなスゴい質問をしていただければ、僕はきっと答えてくれると思います（笑）。

あまりしょうもない質問だったりすると、２０２０年に会ったときに、「ゴミ箱に入っていたみたいで気づきませんでした。あ、あのとき送ってくれてたんだー」って答えるかもしれませんけど（笑）。

はい、結局だいぶ時間が延びてしまいました。

長い間お疲れさまでした。ありがとうございました。

（会場、大拍手）

2020年6月30日に、またここで会いましょう。

ボン・ヴォヤージュ!!

あとがきにかえて

２０１９年に、病のため47歳の若さで亡くなった瀧本哲史さん。

本書はその7年前、２０１２年に行われた東京大学伊藤謝恩ホールでの講義を一冊にまとめたものである。

僕が瀧本さんと出会ったとき、瀧本さんは気鋭（きえい）のエンジェル投資家として数々のベンチャー企業に投資し、成功へと導き、また経営のコンサルタントとしても辣腕（らつわん）を振るっていたが、そういったビジネス面の顔に増して魅力的だったのが、教育者としての瀧本さんの姿だ。

とある会食で名刺交換をして出会ってすぐ、京都大学にお邪魔して受け持っている「起業論」を見学させてもらったのだけれど、それは「京大で教えている若い先生なら、新しい著者候補になるかもしれないな」という僕の軽い目論見(もくろみ)をはるかに超える、衝撃の授業だった。

数百人の京大生と壇上の瀧本さんとが、まさにバトルのように意見を戦わせ、立ち見まで出るほどの活気が大教室を覆(おお)っていたのだ。

なんだこれは……!? こんな刺激的な授業を、僕も高校生や大学生の頃に一度でいいから受けてみたかった!

その「教室」の密度と熱気をそのまま一冊の本に閉じ込めたいと、編集者として居ても立ってもいられなくなって、当時まだ無名だった瀧本さんと意気投合して作り上げたのが、『武器としての決断思考』という瀧本さんのデビュー作であり、次世代に武器としての教養を配る「星海社新書」レーベルである(ブキケツは創刊一冊目、瀧本さんにはレーベルの「アドバイザー」になっていただいたが、肩書きは話し合った結果「軍事顧問」になった)。

そして、その鮮烈なデビューから9カ月後に、あの京都大学での白熱教室を実際に読者ターゲットである10代・20代に向けてやってほしい、京大生だけしか受けられないなんてもったいない！　ズルい!!　と強くお願いして実現したのが、この講義だ。

「そんなに言うなら、やりましょうか。じつは母校の東大に、ちょうど良い場所があってですね……」ということで、会場は本郷キャンパスに完成したばかりの伊藤謝恩ホールに決まった。

そうして始まった東大講義は、瀧本さんの思想と熱量を凝縮し、京大の授業すら超える、若者への愛に満ちた伝説的な2時間となった。

切れ味しかないような発言や、徹底したロジックに裏打ちされた主張、そして元マッキンゼーの投資家という肩書きから、「理屈のひと」というイメージが強いが、実際に瀧本さんに深く接した人はみな、彼の本当の姿はその逆、「情のひと」であることを知っている。

サービス精神が旺盛で、ウィットと愛嬌に富んでいて、次世代にめちゃくちゃ期待をし、どんなときも目の前の仲間のためには支援を惜しまない人（とはいえロジックに穴があったり思考が甘いと、徹底的に厳しく詰められもしますが……）。その魅力的な人柄も、話の端々から滲み出ていると思う。

本書は、瀧本哲史という教育者の、最盛期の授業を収めたものであるとも言えるだろう。

「君たちが未来を変えろ」という、その普遍的なメッセージは、これから10年後、20年後もけっして色褪せることはない。ずっと10代・20代の若者たちを、刺激し続けるはずだ。

僕は、あの会場にいなかった次世代の人間に、瀧本哲史の「遺伝子」を配りたいと思って、この本を編集した。それが、瀧本さんに支援してもらった一人の「若者」として、今の自分にできる宿題だと思ったからだ。

この講義を聴いて、もし少しでも感じるものがあったら、ぜひ何か具体的な行動を起こしてほしい。仲間を探す旅に、出てみてほしい。きっと瀧本さんは、いつまでも惜しまれることなど望んでいないだろう。カリスマ扱いなんて、もってのほかだ。

そして、この本が出版される2カ月後の、「２０２０年6月30日火曜日」。瀧本さんが指定したその日に、僕たちはもう一度同じ場所に集結したいと思う。

もちろん瀧本さんとの約束を果たすためというのもあるけれど、その会を追悼のしみったれたものにしたら、「それは違いますねえ」と、遠くから即座に檄が飛んでくるに違いない。

顔を向けるべきは、ただ未来だ。

２０１２年の講義に参加した元10代・20代の３００人の「ゲリラ」に加えて、できれば現在の10代・20代の有志も集め、一堂に会し、僕たちはそれぞれの現場でどんなアクションを起こしていくべきか、この困難な時代に僕たちにできることは何か、あらためて考える場にしたい。

DO OUR HOMEWORK.

これからの世界を生き抜くみなさんと共に、瀧本さんが遺した武器を携え、言葉を胸に秘め、挑戦を続けていきたいと思う。
必ず自分たちの手で、ミライは変えられると信じて――。

2020年3月1日
星海社新書初代編集長　柿内芳文

『ミライの授業』

（講談社 /2016/6/30 発売）

2015年、それまで武器シリーズで20歳を想定ターゲットとしていた瀧本氏が、「社会を根本的に変えるためには、もはや大学生や若手社会人では遅すぎる」と発想を転換、21世紀に生まれた最初の世代である「14歳の君」に向けてメッセージを伝えたいと言い出した。そしてそれから1年間かけて、全国の中学校を飛びまわり行った「未来を変える特別講義」をまとめたのが、このミライの授業である。「私の著作活動はこの一冊のためにあった」とまで語っていた本書には、瀧本哲史の思想と想いのすべてが詰まっている。さあ、書を閉じて、世界を変えよう！

この授業で「14歳」が受け取るメッセージ

★知は力なり。学問のほんとうの目標は、未来を変える発明と発見にある

★日常の中にある「小さな違和感」を掘り下げよう

★世界を変えるのは、いつの時代も「新人」である

★偉人伝を読むだけでなく、君が偉人になれ

★大切な真実を、一生かけて問い続けよう

★僕は、いちばん若くて可能性に満ちあふれた君に、投資しよう

★チェンジ・ザ・ワールド!!!

『読書は格闘技』

（集英社 2016/4/30 発売）

東大時代、教授を論破しようと常に最前列に陣取っていたという瀧本氏は、読書とは読むものでも楽しむものでもなく、「戦わせるもの」であると言う。著者の主張を「本当にそうか？」と疑い、自分の今の考えと著者の考えとを戦わせることで思考を進化させていく、知的プロセスである、と。「小説すばる」の連載を書籍化した、瀧本流実践的読書術！

『戦略がすべて』

（新潮新書 2015/12/20 発売）

「新潮 45」等で連載した評論を元に再編集。時事問題や具体的なビジネスケースを題材に、市場で生き残るだけでなく、「市場で勝つ」ための方法に特化して語る、瀧本氏の軍師・戦略家としての側面が強く出た一冊だ。論理的、戦略的に思考するためのトレーニングとして、本書と徹底的に「格闘」せよ！ ひたすら「本質」を見抜け！

この本で授かる「勝つ」ための思考法

★弱者こそ、弱者のツール「戦略」を学べ
★「儲ける仕組み」を見極め、参画せよ
★コンピューターにできる仕事は捨てよ
★楽勝でできることを、徹底的にやれ
★実戦し、実践し、勝て

この本で一戦を交える「良書」たち

★『影響力の武器』『人を動かす』『君主論』『正義論』『ビジョナリーカンパニー』『文明の衝突』『アナーキー・国家・ユートピア』『一九八四年』『山月記・李陵』『タッチ』等、合計26冊
★「良書」とは、内容が正しい本のことではない。批判に値し、乗り越える価値がある本のことだ

『君に友だちはいらない』

（講談社 2013/11/15 発売）

「ダメな友だちの中にいると、自分もダメになっていく。自分とつながっている人間こそが、自分を規定するんです。だから『誰とどうつながるか』を真剣に考えないといけない」——交渉思考で語った「仲間づくり」というテーマを発展させ、どうすれば世界を変える少人数の卓越したチームをつくることができるか、瀧本氏がエンジェル投資や経営の「現場」で身銭を切ってつかんだ方法論を、惜しげもなく一冊に凝縮。武器シリーズ、完結編！

「キミトモ」で手に入れる武器

★弱者こそ、「チームアプローチ」という名の戦略を選択せよ

★「七人の侍」が、模範とすべきチームの形である

★若者は、①見晴らしが良く、②ブートキャンプのように鍛えてくれる、③クラブ的な場所を探せ

★やりたい仕事、属したい組織がなければ、自らつくるしかない

★投資の秘訣は、「人に投資する」こと

★君の成功は、君のまわりの人間の成功によって決まる

★戦友とともに、不可能を実現せよ!!

『武器としての交渉思考』

（星海社新書 2012/6/25 発売）

デビュー前から瀧本氏が、決断思考とともにどうしても「一冊の武器」としてまとめる必要があると熱弁していたのが、この交渉思考である。交渉とは単なるビジネススキルやノウハウではない。若者たちが社会を変える「革命」を起こすために、絶対に獲得しなければならない思考法なのだ。決断思考と交渉思考の二冊は、大学生協のみで1万5000部を売り上げる、ロングセラー新書となっている。

「ブキコウ」で手に入れる武器

★仲間を見つけ、「交渉」によって手を組もう
★大きなロマンを語りながら、金儲けのソロバンをはじけ
★大人たちから「投資の対象」と見なされるよう行動しよう
★「異質なもの」「敵対する相手」とも結びつくことで、大きな変化を起こせ
★常にバトナ（代替案）を持て、相手の利害を調整せよ
★結社をつくり、リーダーシップを発揮せよ
★社会を変えよ!!

『武器としての決断思考』

（星海社新書 2011/9/21 発売）

「僕の究極的な興味は意思決定である」と語っていた瀧本氏の、意思決定の技法が詰まったもう一つのデビュー作（ボクブキと二冊同時発売！）にして、25万部突破の大ベストセラー。どんな困難な状況にあっても思考だけはやめず、前を向いて力強く歩いていこう、という、若者とともにあゆむ瀧本氏の強い想いがあふれた書でもある。瀧本氏はこの本で、ディベート教育のさらなる普及にも努めた。

「ブキケツ」で手に入れる武器

★生き抜くために「リベラルアーツ」を学べ

★ディベートとは、意思決定のための技法であり、最強の武器の一つだ

★正解ではなく「いまの最善解」を導き出そう

★メリットとデメリットを比較せよ、根拠に当たれ

★人間の尊さは「思考」の中にこそある

★自分の人生は、自分で考えて、自分で決めていこう

★決断せよ！

『僕は君たちに武器を配りたい』

（講談社 2011/9/21 発売）

『僕は君たちに武器を配りたい エッセンシャル版』

（講談社文庫 2013/11/15 発売）

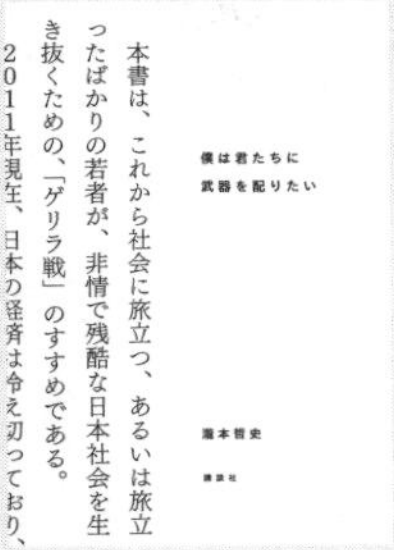

「コモディティになるな」という強烈なメッセージで幕を開けた、瀧本哲史衝撃のデビュー作にして、「ビジネス書大賞 2012」大賞受賞作。若者よ、「資本主義 2.0」ともいうべき社会の劇的変化とそのルールを熟知し、ゲリラとしてサバイバルせよ！ 瀧本入門として最適な、全20歳必読の書。エッセンシャル版は、短時間・ワンコイン（500円）で読める、凝縮バージョンである。

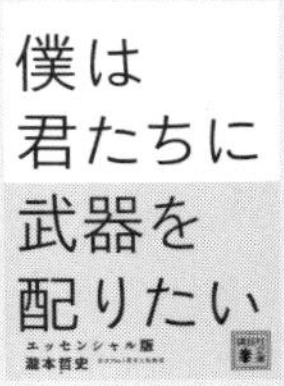

「ボクブキ」で手に入れる武器

★ハイスペックでも、自分の頭で考えないと「コモディティ人材」になる

★代えのきかない唯一の人、「スペシャリティ」を目指せ

★資本主義2・0の世界で稼ぐことができるのは、「マーケター」「イノベーター」「リーダー」「投資家」の4タイプだけだ

★すべての人間は「投資家になる」か「投資家に雇われる」かの二択しかない

★ならば投資家として生きろ、投資家的な発想を学べ

★リスクをとろう。人生ではリスクをとらないことこそが、大きなリスクとなる

★武器を持て！

時代を超えて読み継がれる

瀧本哲史全著作

新しい時代をつくる若い力を支援し続けた、瀧本哲史氏。彼が遺した「**武器**」を手に、普遍的な「**メッセージ**」を胸に、自分の人生、そして希望ある未来を自分たちの力で切り開いていこう。

知の発展のため、本書の印税の一部を、
瀧本哲史氏の母校である東京大学の
「東京大学基金」（utf.u-tokyo.ac.jp）
に寄付いたします。

2020年6月30日にまたここで会おう 瀧本哲史伝説の東大講義

二〇二〇年 四 月二四日 第一刷発行
二〇二〇年 八 月二一日 第 五 刷発行

著者 瀧本哲史

発行者 太田克史
編集担当 柿内芳文
ライティング 大越裕
ブックデザイン 吉岡秀典（セプテンバーカウボーイ）
フォントディレクター 紺野慎一
校閲 鷗来堂

発行所 株式会社星海社
〒一一二-〇〇一三
東京都文京区音羽一-一七-一四 音羽YKビル四階
電話 〇三-六九〇二-一七三〇
FAX 〇三-六九〇二-一七三一
https://www.seikaisha.co.jp/

発売元 株式会社講談社
〒一一二-八〇〇一
東京都文京区音羽二-一二-二一
（販売）〇三-五三九五-五八一七
（業務）〇三-五三九五-三六一五

印刷所 凸版印刷株式会社
製本所 株式会社国宝社

ISBN978-4-06-519428-7
Printed in Japan

160
SEIKAISHA SHINSHO

2020・6・30

再集結せよ

次世代による次世代のための

武器としての教養
星海社新書

星海社新書は、困難な時代にあっても前向きに自分の人生を切り開いていこうとする次世代の人間に向けて、ここに創刊いたします。本の力を思いきり信じて、みなさんと一緒に新しい時代の新しい価値観を創っていきたい。若い力で、世界を変えていきたいのです。

本には、その力があります。読者であるあなたが、そこから何かを読み取り、それを自らの血肉にすることができれば、一冊の本の存在によって、あなたの人生は一瞬にして変わってしまうでしょう。思考が変われば行動が変わり、行動が変われば生き方が変わります。著者をはじめ、本作りに関わる多くの人の想いがそのまま形となった、文化的遺伝子としての本には、大げさではなく、それだけの力が宿っていると思うのです。

沈下していく地盤の上で、他のみんなと一緒に身動きが取れないまま、大きな穴へと落ちていくのか？　それとも、重力に逆らって立ち上がり、前を向いて最前線で戦っていくことを選ぶのか？

星海社新書の目的は、戦うことを選んだ次世代の仲間たちに「武器としての教養」をくばることです。知的好奇心を満たすだけでなく、自らの力で未来を切り開いていくための〝武器〟としても使える知のかたちを、シリーズとしてまとめていきたいと思います。

2011年9月

星海社新書初代編集長　柿内芳文